シリーズ　ソーシャル・サイエンス

政治学と因果推論

Series Social Science
シリーズ　ソーシャル・サイエンス

政治学と
因果推論

比較から見える政治と社会

松林哲也
Tetsuya Matsubayashi

岩波書店

巻 頭 言

今日，人文社会科学において，実験的手法や統計的分析，さらには機械学習やディープラーニング等の進展・活用がめざましい．とくにその影響を色濃く受けている学問領域では，近接領域との横断が不断に試みられており，学際的な共同研究も飛躍的に進んでいる．当然，それに伴い方法論も著しい発展をみせている．

ところが，そうした理論や方法論の刷新が人文社会科学において断続的になされていることは，必ずしも人口に膾炙しているとは言えない．事実，昨今の日本において顕著にみられる人文社会系の学問を軽視する風潮は，そのことを如実に示すものとなっている．

しかし人文社会科学においても，自然科学と同様，ピアレビューが実践され，定量的・定性的アプローチや計測・測定といった側面でも，一層の彫琢が図られてきた．もちろん，人文社会科学内部でそうした手法の扱い・位置づけについて，必ずしもコンセンサスがあるわけではない．

たとえば，人文社会科学のなかには，人間行動や社会の解明を法則定立的に追究する経済学や心理学，個体差や社会の多様性・非単線性を明らかにしようとする社会学，独自の言語世界を構築する一方で人間行動との密接不可分性を意識する法学，そして統計的因果推論等の最先端の手法を使いつつも，現象の個別性や規範分析にも一定の注意を払い続ける政治学などがある．また，莫大な社会的データの分析を目指す計算社会科学は，そうした学問領域の垣根を越えてムーブメントを起こしつつある．

　そうした人文社会科学内部での違いは，自然科学内部でも同様の違いがみられるように，各学問領域のサイエンスとしての一定の成熟を表しているように思われる．本企画「シリーズ ソーシャル・サイエンス」は，その点を明らかにすべく，各ディシプリンを代表する気鋭の研究者たちが，自らの学問的苦闘，経験もふり返りながら，その魅力と可能性，方法論などについて，実直にそして雄弁に，まさにサイエンスとして語るものである．

　読者諸賢におかれては，本シリーズを活用して，ソーシャル・サイエンスをめぐる知的創造の旅を共にしてくださることを願ってやまない．

シリーズの筆者を代表して

東京大学　井 上　彰

目　次

目　次

第1章

....

政治学と因果推論

All social science requires comparison.
（King, Keohane, and Verba 1994, 5）

1　原因と結果の政治学

まずは以下の問いを見てほしい.

- ・投票啓発活動は投票率を高める？
- ・女性議員が増えれば社会保障政策が拡充される？
- ・難民・移民が来ると受け入れ先の住民は反発する？
- ・国が民主化すれば人々の暮らしは良くなる？
- ・内戦が起きると森林破壊が起きる？

これらは政治行動論，政治過程論，政治制度論，比較政治論，国際
関係論といった現代政治学や政治経済学の各研究分野が答えようと
してきた研究上の問い(以下ではリサーチクエッションと呼ぶ)の一例
である.

　これらのリサーチクエッションは，どれも**原因→結果**という**因果
関係**が存在するかどうかに関心を持っている．言い換えると，もし

1

何かが起こる・何かを実行するという原因が生じれば，それに伴って想定通りの結果が生じるかどうかを尋ねているのである．各リサーチクエッションにおける原因と結果を具体的に書くと，

- ・投票啓発活動の実施　→　投票率上昇？
- ・女性議員の増加　→　社会保障政策の拡充？
- ・難民流入　→　難民受け入れ反対派の増加？
- ・民主化進展　→　健康状態の改善？
- ・内戦の発生　→　森林破壊？

となる．矢印の左側（例えば投票啓発活動の実施や女性議員の増加）が因果関係における原因，そして矢印の右側（投票率上昇や社会保障政策の拡充）が結果を意味している．政治学以外の例だと「広告を出せば製品の売上は増えるのか，そもそも変わらないのか」，「新しい治療法を使えば病気が治るのか，そもそも効果がないのか」，「特定の学習方法を用いれば成績が上がるのか，あるいは成績に変化はないのか」といった問いも原因と結果の因果関係を明らかにすることを目指している．

　では，これらのリサーチクエッションに答えるためには何をすればいいのだろうか．「投票啓発活動を実施すれば投票率は高くなるはず」といった自分の考えや信念では説得力がないので，誰もが納得するような証拠のようなもの（以下ではエビデンスと呼ぶ）が必要になる．そもそも，なぜ政治学研究では因果関係に関するリサーチクエッションに答えることを重視するのだろうか．

2　単純な比較はうまくいかない

　「原因→結果」という因果関係の有無を明らかにしようとするときに多くの人が思い浮かべるのが，原因の状態が異なるグループ（つまり，何かが起こったグループとそれが起きなかったグループ）を比較するという手続きだろう．例えば，著名人を使った投票啓発活動を実施した自治体とそのような活動を実施しなかった自治体における投票率の比較，女性議員比率の高い国と低い国の社会保障政策の充実度合いの比較，を通じて因果関係の有無に迫ろうとするのである．

　ところが，原因の状態が異なる2つのグループを比較するという単純（あるいはナイーブ）な方法では，因果関係の有無を判断できるような説得的なエビデンスを得ることはできない．投票啓発活動と投票率の関係を例として，なぜ単純な比較がうまくいかないのかを考えてみよう．

　ある県において，同一の著名人を使う投票啓発活動を実施した自治体と実施しなかった自治体がそれぞれ複数あったとする．啓発活動を実施した自治体ではその著名人が登場するポスターが街中に掲示されたと考えてほしい．選挙後に各自治体の投票率のデータを収集し，啓発活動ありの自治体群と啓発活動なしの自治体群の平均投票率をそれぞれ計算して比較したとする．その比較から，図1.1のような結果が得られたとしよう．この図では，縦軸が投票率を意味しており，横軸には左側に啓発活動が実施された自治体群の平均投票率，そして右側には啓発活動が実施されなかった自治体群の平均投票率が棒グラフとして示されている．図1.1では，2つの自治

体群の平均投票率に差がないことが見て取れる．この結果に基づいて，「啓発活動を実施してもしなくても投票率に差がないということは，啓発活動には効果がないのだろう．著名人を使ったポスターをたくさん掲示しても投票率は向上しない」と結論づけたくなる．

しかし，図 1.1 の結果は投票啓発活動とは別の要因によって生み出された可能性がある．例えば，若い有権者が多い自治体は普段から投票率が低く，そのため若者に知られている著名人を使った投票啓発活動に熱心だったとしよう．一方で，若い有権者が少ない，つまり有権者の高齢率が高い自治体は普段から投票率が高く，投票啓発活動を実施する必要性がなかったとする．図 1.2 は有権者の若年率，投票啓発活動の実施の有無，そして投票率の関係をまとめている．若年率と投票啓発活動の実施を結ぶ矢印に＋(プラス)がついているのは，有権者の若年率が高い自治体ほど投票啓発活動を実施する確率が高いという関係を意味している．一方で，若年率と投票率を結ぶ矢印に −(マイナス)がついているのは，若年率が高い自治体ほど投票率が低いという関係を意味している．最後に，投票啓発活動と投票率の関係は＋？となっているが，これは投票啓発活動を実施すれば投票率が上がるかどうか現時点では不明なので？をつけている．

図 1.2 で示すような関係があるとき，図 1.1 の結果に別の解釈を与えることができる．投票啓発活動を実施した自治体群では，啓発活動の結果として実は投票率が平均で 5% 高くなっていたとしよう．さらに，若年率が低い自治体群と比べると，若年率が高い自治体群では投票率が平均で 5% ほど低いとする．投票啓発活動ありの自治体群は若年率が高いので，投票啓発活動による投票率増加 (＋5%)が若年率の高さによる投票率減少(−5%)で相殺されてしま

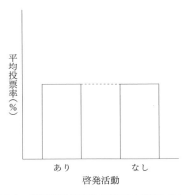

図 1.1　投票啓発活動は投票率に影響しない？

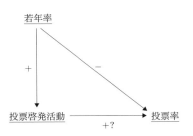

図 1.2　投票啓発活動，若年率，投票率

う．つまり，有権者の若年率と投票啓発活動の実施という互いに関連する要因がそれぞれ投票率に影響を及ぼしてしまうため(図1.2)，投票啓発活動が投票率に及ぼす純粋な効果を見つけることができないのである．以上の関係を図1.3にまとめた．2つの要因の影響が相殺されているため，結果として啓発活動による投票率上昇が見えなくなっている．よって，若年率など投票率に影響を与えそうな他

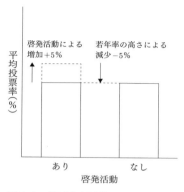

図 1.3 投票啓発活動のプラス効果は
若年率のマイナス効果で相殺される

の要因を考慮せず啓発活動を実施した自治体と実施していない自治
体を単純に比較しても，「投票啓発活動→投票率」という因果関係
が存在するかどうかを明らかにはできないのである．

3 反事実という考え方

　ではどのような手続き(つまりどのような比較)を使えば「原因→結
果」の因果関係を明らかにできるのだろうか．近年の政治学研究，
より広く社会科学研究は，比較の対象をできるだけ注意深く選ぶこ
とを通じて，原因が結果に与える純粋な影響を明らかにしようとし
てきた．比較対象を選ぶ際の基準となるのが**反事実**(counterfactu-
als)という概念である．前述の例を使ってこの概念の意味を考えて
みる．

　投票啓発活動を実施した自治体の１つに注目しよう．その自治

体において，もし啓発活動を実施しなかったら何が起きたのか
(what if)を仮想的に考えてみる．啓発活動を実施したという事実
に対して，そのようなことが起きなかったという状態は事実と異な
るので，それを反事実と呼ぶ．そして，啓発活動を実施したという
事実の状態における投票率と，同一の自治体で啓発活動を実施しな
かった反事実の状態における投票率を仮想的に比較することで，啓
発活動が投票率をどれだけ変化させたのかを考えるのである．

　因果関係に迫ろうとするときに，事実と反事実という2つの状
態の比較を考えることは非常に有用である．「投票啓発活動を実施
した自治体で，もしそのような活動を実施しなかったら投票率に
何が起きたのか」を考えるということは，同一の自治体を対象とし
て投票率の比較を行うことに他ならない．つまり，啓発活動が実施
されたかどうかを除けば，他の条件はすべて同じ自治体同士を比
較していることになる．同じ自治体を比較するのだから，単純な比
較において問題となった若年率の差などの違いが生じる余地はな
い．啓発活動の有無を除き，投票率に影響を与えそうなすべての条
件が同一に保たれているのである．よって，図1.4に示すように，
ある自治体において，啓発活動を実施しなかったときの投票率(右
側)に比べて活動を実施したときの投票率(左側)が高いのであれば，
啓発活動のおかげ(原因)で投票率が上がった(結果)と解釈すること
ができるのである．

　事実と反事実との比較を考えるこのようなアプローチはシンプ
ルでわかりやすいが，実際にこの比較を実行に移すのは不可能であ
る．反事実はあくまで仮想的な状態であり，実際には存在しえない
からである．ある自治体がある選挙において投票啓発活動を実施し
たのであれば，この自治体が同じ選挙で啓発活動を実施しなかった

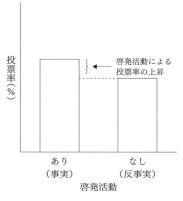

図 1.4 事実と反事実の比較

という状態(歴史と呼んでもいい)を経験することはありえない．つまり，反事実という状態を仮想的に考えることはできるが，反事実の状態における結果を知ることは不可能なのである．投票啓発活動が実施されたのであればその状態での投票率は観察できるが，啓発活動が実施されなかったときの投票率を観察することができず，結果として比較を行うことができないという事態に陥る．「もし日本が日中戦争や太平洋戦争を経験していなかったらどのようなことが起きていたのか」という歴史上の「もし」を仮想的に考えてみることは可能だが，実際に何が起きたかを知ることはできないのと同じ状況である．

　そこで考え出されたのが，反事実という考え方を基準にして，反事実とできるだけ近い性質を持つ比較対象を注意深く作り出す・見つけ出すというアプローチである．事実と反事実の比較で最も重要なのは，「結果に影響を与えそうな他の特徴はすべて同一」という

条件である．反事実はこの条件を満たすが，比較対象としては存在しない．そこで，事実と反事実の比較に近似するような状況，つまり特徴が非常に似通った2つのグループを人為的に作り出す・あるいは偶然にそのようなグループが生まれたという状況を見つけてくることで，原因と結果の因果関係を明らかにしようとするのである．例えば，啓発活動の実施以外は似通った特徴を持つ2つの自治体群の比較を行えば，啓発活動の実施によって投票率がどれだけ変化したかを明らかにすることが可能になる．

　本書の大きな目的の一つは，原因の状態(つまり啓発活動の実施の有無)は異なるがそれ以外は似通った特徴を持つ2つのグループを注意深く作り出す・見つけ出す方法を政治学の文脈の中で紹介することである．次章以降で取り扱うさまざまな方法を用いれば，原因の状態以外は非常に特徴の似通った特徴を持つ2つのグループを比較することが可能になる．その結果，われわれが理解したいと願う原因と結果の因果関係に迫ることができるようになる．これから紹介する方法と定量的データを組み合わせ，現実社会に存在すると思われる因果関係についての推論を行うことを**因果推論**(causal inference)と呼ぶ．本書では，近年の政治学研究を参考にしながら因果推論の各方法の中身やその応用方法を丁寧に紹介していく．

4　なぜ因果推論なのか

　なぜ政治学研究や社会科学研究では因果関係を明らかにすることを重視するのだろうか．その最大の理由は，因果推論から得た知識を役立てれば，政治や社会が抱える問題を解決できる可能性が高まるからである．

　現代の日本や世界の国々はさまざまな政治的・社会的・経済的問題を抱えている．投票に参加する有権者の割合は減っているし，多くが政治に関心や希望を失っているように見える．異なる政治的信条を持つ有権者間の対立は激しくなっており，マイノリティや移民に対する排斥的態度を示す有権者が増えている．有権者間の経済的格差の増大は政治的不平等を拡大させているかもしれない．貧困や抑圧に苦しむ人々は大勢いる．政治家の不正や汚職はいつまでもなくならないし，政党や政府が有権者の望みを真摯に叶えようとしているようには見えないときもある．経済危機や災害に際して政府が効果的に対処できていないことも多い．政府による自国民をターゲットとした暴力の行使はなくなっていない．独裁政権による支配に苦しむ国はいくつもある．紛争によって多くの人が命を落とし住居や財産を失っている．

　なぜわれわれの社会はこのような問題を抱えているのだろうか．どうすればこれらの問題を解決できるのだろうか．これら 2 つの問いに答えようとするときに，因果推論は役に立つ．まず，何らかの結果を生じさせた原因を究明する道具として因果推論を使うことができる．例えば，世界各地のさまざまな武力紛争の発生を背景として，「なぜ武力紛争が起きるのか」という問いを設定したとする．そこから紛争の背後には社会経済的原因があるのではと考え，そこから貧困や格差が原因となって紛争が発生するという因果関係を探求することにつながっていくかもしれない．紛争の原因を探ることは，紛争防止策の構築に向けた第一歩と言えるだろう．別の例として，貧困が発生する理由を考えるとしよう．もしかしたら貧困に苦しむ人々はお金を稼ぐ気がないのではなく，稼いでいてもそれを貧困脱却に使えない何らかの制度的な障壁があるのかもしれない．貧

困をなくすには個人の性質ではなく制度的環境に注目する必要があ
ることを示せるかもしれないのである.

　加えて，**効果検証**の手段としても因果推論は有用である．ある問
題の原因究明を通じて，問題解決に向けて有望そうな方策が見つか
ったとしよう．因果推論を使えば，その方策(つまり原因)が問題と
なっている事象(つまり結果)に本当に想定通りの影響を与えるのか,
その影響の度合いはどの程度なのかを理解できる．例えば，政治家
の汚職を減らすには新制度の導入が有望そうだと考えるのであれ
ば，同様の制度を使う国々の事例を分析することでこの制度が本当
に汚職件数を減らす効果があったのかを理解しておく必要がある.
これらは，医学において患者の病状の原因を探ること，その病状の
治療法を見つけようとすることと同じような意味を持つ.

　因果推論から得られた知識が政策立案に直結する場合もあるし,
間接的に役立つときもある．著名人を使った投票啓発活動が投票率
にどの程度の影響を与えたのかを検証することは，今後の政策立案
に向けて短期的に役立つ知識を生み出す．投票率を向上させる効果
があるとわかれば著名人を使って啓発活動を引き続き実施すること
は重要になるし，効果があまりないとわかれば別の啓発活動を設計
するか全く別の対策を考える必要が出てくる．一方で，紛争の発生
の主な原因が貧困や制度の欠陥にあるとわかっても，現在も続いて
いる紛争を終わらせたり近い将来に起こりそうな紛争を防ぐことは
できない．しかし中長期的に見ると，紛争防止には経済発展や制度
改善が必要であるという道筋を示してくれる．因果関係に関する知
識やその獲得を可能にする基礎的研究(歴史や制度に関する描写，民主
化や貧困など社会の特徴についてのデータの蓄積)は，差はあるにせよ,
いつか何らかの形で社会にとって役に立つはずである.

　因果関係に関する知識が役立てられているわかりやすい例を
2019 年のノーベル経済学賞に見出すことができる．発展途上国を
中心に大きな問題となっている貧困の原因やそれを解消するため
の解決策を検討する上で，受賞者である Abhijit Banerjee，Esther
Duflo，そして Michael Kremer の 3 氏はのちほど紹介する**無作為化
実験**（randomized experiment，あるいは Randomized Controlled Trial
（RCT））を用いながら，どのような政策が貧困削減のためにより効
果的なのかを探ってきた．彼らの実験から得られた知見は，そもそ
も貧困の背後にある原因は何か，そして人々がどのような状況のも
とで問題解決につながる行動をとることができるのかを理解する
ための重要な示唆を与えてくれる．彼らの研究成果は貧困削減を目
指す政府や国際援助機関によるさまざまな政策介入に活かされてい
る．

5　本書の特徴

　本書の特徴は 3 点ある[1]．1 点目は，政治学やデータ・計量分析
に関する前提知識がなくても読み進められるように書かれているこ
とである．本書が強調するのは比較することの大切さ，そして比較
対象を注意深く選ぶことの大切さとその具体的方法である．これら

---

[1]　因果推論とデータ分析の基本を紹介する入門書はこれまでにいくつも出
版されている．『「原因と結果」の経済学』（中室・津川 2017），『データ分析の力
因果関係に迫る思考法』（伊藤 2017），『効果検証入門』（安井 2020），『計量経済
学』の 9 章「政策評価モデル」（川口 2019），『社会科学のためのデータ分析入
門』（今井 2018）などがあげられる．政治学では『原因を推論する』（久米 2013）
が因果推論の入門書としてあげられるが，本書で紹介するルービンの因果モデル
や因果推論の各手法の詳細は紹介されていない．

の解説のために定量的データの分析例を多数提示するが，統計学や
データ分析に関する知識がなくても分析の手続きを理解できるよう
に工夫した．最低限の数学的記述を用いるが，大部分は直感的に理
解できる内容になっているはずである．若干の複雑な数学的記述を
ともなう解説はコラムとしてまとめた．加えて，本書を最後まで読
めば，因果推論に基づく研究プロジェクトを自分で始められるよう
になっている．因果推論を理解する上で欠かせない用語の紹介，因
果推論を含む研究の基本的な構成や研究の進めかた，リサーチクエ
ッションや仮説の見つけかたを解説する．

　2点目の特徴は政治学における研究例のみで議論を進めていくこ
とである．因果推論に関するこれまでの類書では，経済学，疫学，
そしてマーケティングリサーチからの研究例が使われることが多か
った(例えば，製品広告は売上に貢献するのか，製品の価格が上がれば消
費が減るのか，検診は健康状態を改善するのか，など)．これらは直感的
にわかりやすく，かつ多くの人に馴染みのある例である．一方で，
政治学の文脈において，因果推論の各手法はどのように応用されて
きたのかを解説する類書は見当たらない．

　研究例を選ぶ際には，2つのことを重視した．一つは著者自身が
取り組んできた研究を例として用いるということである．著者の専
門分野は政治学，特に政治行動論や政治過程論であり，次章以降で
紹介する因果推論の各手法をこれまでの研究で用いてきた．著者の
問題意識，工夫，苦労などを織り込むことで，各手法を応用するこ
との魅力や難しさをわかりやすく伝えていきたい．

　もう一つは因果推論とデータ分析を組み合わせた政治学研究の面
白さを紹介するということである．近年の政治学研究は，因果推論
にデータ分析を組み合わせることで，この章の冒頭で紹介したよう

な学術的にも社会的にも重要な問いに取り組んでいる．これら最新の研究を紹介することを通じて，政治学の面白さを伝え，また政治学と現実社会とのつながりを考える機会を作りたい．特に，本書では著者自身が「面白い！」と思った研究例をいくつも紹介する．なお，4 章以降で紹介するさまざまな研究例を読むと，本章の冒頭で提示したリサーチクエッションの多くに答えることができるようになっている．

　最後の特徴は，冒頭の引用 "All social science requires comparison." (King, Keohane, and Verba 1994, 5) が示すように，「比較すること」の大切さを繰り返し強調することである．本書では定量的アプローチを念頭に置いて比較することの重要性，そして比較対象を注意深く選ぶことの重要性とその具体的方法を論じていく．ただ，本書の議論は定量的アプローチのみならず，定性的アプローチを用いた研究にも応用できる．原因→結果という因果関係を明らかにするという研究目的を設定するのであれば，定性的研究であれ定量的研究であれ，どちらも**比較する**という作業を行うことになる．分析対象となる国や個人の数に差があるかもしれないが，どちらのアプローチでも，原因の状態以外の特徴が似通った 2 つのグループを比較することが不可欠になる．比較することなしには因果関係を議論することはできないのである．

　かつて King, Keohane, and Verba（1994）は，定性的研究と定量的研究には方法論上の大きな違いがあるように見えるが，実は両者のアプローチは科学的手法という一つの枠組みに統合可能であり，定量的研究の作法をもっと取り入れることで定性的研究はより頑健な分析結果を提示できるのではと論じた．King らの主張は大きな論争を生じさせ，特に定性的方法を用いる研究者からの反発・

反論を生み出した（例えば Brady and Collier 2004, 2011; Goertz and Mahoney 2012）．本書は King らのような大胆な主張を行う意図はない．本書が目指しているのは，因果関係を議論するためには意味のある比較が不可欠であるということを強調することである．特に，8 章で紹介する合成統制法は少数事例を対象とした比較歴史分析のために開発された手法であり，定性的手法と定量的手法の橋渡しをしてくれると考える．

本書が想定する読者層は因果推論を始めたいと考える政治学分野の学部生・大学院生，因果推論を用いた研究成果の読み方を学びたい人たち，政治学の最近の研究動向の一部を学びたいと考えている人たち，普段は定性的アプローチを用いているが定量的研究の考え方に興味のある人たち，そしてより一般的に社会科学における因果推論の応用方法を学びたいと考えている人たちである．

最後に本書が取り扱わない内容をまとめておく．本書では因果推論の各手法の技術的詳細にはあまり言及しない．また各手法が依拠する計量経済学的・統計学的手法（具体的には回帰分析）については最低限の解説のみを行い，統計的推論については説明しない．各手法を用いて実際にデータ分析を行うための R や Stata といったコンピュータソフトウェアを使った実装の方法も取り扱わない．

6 ロードマップ

本書は 10 章で構成されている．本章から 3 章では，因果効果とは何を意味するのか，因果効果を測定するためになぜ単純な比較がうまくいかないのか，どのような比較を行えば因果関係を理解するためのエビデンスを作り出せるのかを解説する．2 章では反事実の

概念を使って因果効果を定義し，比較を通じて因果効果を測定するために満たすべき条件を明らかにする．3 章では「統制」というアプローチを通じた比較では因果効果を測定できないのか，そしてどのようなアプローチを用いればそれが可能になるのかを説明する．

4 章から 8 章まででは，因果推論の具体的手法を紹介する．4 章は無作為化実験，5 章は自然実験と回帰分析，6 章は不連続回帰デザイン，7 章は操作変数法，8 章は差の差法と合成統制法について解説する．これらの手法は，何かが起きたグループとそれが起きなかったグループという 2 つのグループを対象として比較を行うという共通点を持つ．一方で，これら 2 つのグループが生み出されるメカニズム（これを割り当てメカニズムと呼ぶ）は各手法で大きく異なる．各章では，著者自身の研究例を使いながら各手法の概略を解説していく．加えて，各章の最後ではそれぞれの手法の理解が深まるような研究例を追加で紹介する．また，ウェブ上の付録では各手法の応用に使えそうな研究事例のリストを提供する[2]．

9 章では，因果推論を目的とする実証研究を始めるにあたって必要な最低限の知識をまとめる．因果推論を含む学術研究の基本的な流れや研究の進め方，リサーチクエッションや仮説の見つけかたを論じる．10 章では政治学における因果推論のゆくえについて議論し，因果推論を重視するという近年の研究上の流れを批判的に振り返る．また，日本社会における「理系的」な政治学研究の立ち位置についても考察する．

---

2)　https://sites.google.com/site/tetsuyamatsubayashi/iwanami

第2章

···

因果効果の定義と
自己選択バイアス

　この章の目的は2つある．一つは，1章で紹介した反事実という概念を用いて，原因が結果に与える**因果効果**(causal effect)の意味を明確にすることである．もう一つは，この定義に基づいた因果効果を測定しようとするときに問題となる**自己選択バイアス**(self-selection bias)の意味を解説することである．

1　変数とは何か

　日本の選挙では多くの有権者が棄権する．近年の国政選挙での投票率は50%程度であり，これは日本の有権者1億人のうち約半数である5000万人ほどが棄権したことを意味している．半数近くの有権者が棄権するのは，多くが「誰に投票していいのかわからない」と思っているからかもしれない．投票所に行けば，有権者は否応なしに候補者や政党の選択を迫られる．各候補者や政党の特徴をよく知らないのであれば，目の前に示された候補者名や政党名の中から自分にとって望ましい選択肢を探すのは至難の業だろう．それならいっそのこと棄権すればいいと考える有権者がいても不思議ではない．つまり，投票するか棄権するかは，政治に関する知識量で

決まっているのではないかと推測できる.

　政治に関する知識量は，普段から政治についての情報に触れる機会が多いかどうかに影響を受けているだろう．例えば，普段から新聞を読む有権者ほどそのような機会も増えるので，結果として政治知識量が多くなる．一方で，新聞を読まない有権者は政治知識量が増えない.

　では，「新聞を購読する→政治知識量増」という関係は本当に存在するのだろうか．この関係において，新聞購読の有無や政治知識量は個人によって異なる．個人の特徴を表すそれぞれの項目を**変数**（variable）と呼ぶ．性別，教育程度，年齢などの個人属性も変数である．以下では個人を観察対象とする例を使って議論を進めていくが，観察対象が人ではなく政党や国であった場合には，各政党や各国の特徴を示すそれぞれの項目も変数と呼べる．例えば日本の主要政党の政策志向（例えばリベラル・中道・保守）や各国の民主化の度合い（低い・高い）も変数である.

●**分析単位と変数の例**　変数はさまざまな**分析単位**（unit of analysis，または unit of observation）で観察可能である．以下の表では，政治学で使われることの多い分析単位と変数の例をまとめている.

分析単位	個人	政治家	自治体	政党	国	紛争
変数例	名前 収入 居住地域 支持政党 投票頻度	名前 所属政党 当選回数 政策志向 後援会の規模	人口 面積 高齢化率 首長の年齢 財政状況	名前 議席数 得票率 支持率 政策志向	人口 経済発展度 政治制度 民主化度 主要政党数	発生年 終結年 発生場所 死者数 原因

これらの各分析単位の変数は時間別に観察することも可能である．例えば，自治体の人口は各年で変化する可能性がある．この場合，分析の単位は自治体 × 年の組み合わせとなる．

2 因果効果の定義

「新聞を購読する→政治知識量増」という関係を使って，因果効果の意味を定義する．ある有権者 i さん(individual の頭文字の i である)を対象として議論を進める．この i さんはあなた自身だと考えてもらってもいい．新聞購読の有無によって変化すると思われる変数を**結果変数**(outcome variable)と呼ぶ．結果変数に Y という名前を与えると，i さんの政治知識量は Y_i と書ける．さらに，新聞購読の有無を考慮して，Y_i を $Y_i(1)$ と $Y_i(0)$ と書いてみよう．$Y_i(1)$ は i さんがある特定の時期に新聞を定期購読したときの政治知識量，$Y_i(0)$ は i さんが同じ時期に新聞を定期購読しなかったときの政治知識量を意味する．0 と 1 という数値自体に意味はなく，あくまで定期購読の有無を区別するための数値である．なお定期購読は 3 ヶ月間ほど続けるとする．

政治知識量は簡単なクイズで測定する．例えば，「現在の外務大臣は次のうち誰ですか？」という質問に対して正しい名前を選べるかどうかといったクイズを想定してほしい．クイズは 10 問あり，正答数が多いほど知識量も高いと見なす．クイズに全問正解すれば 10 点，全問間違えたりわからないと答えれば 0 点である．もし i さんがクイズに 5 問正解したならば，$Y_i = 5$ となる．

i さんが新聞を定期購読したときとしなかったときの結果変数の

差分は

$$\tau_i = Y_i(1) - Y_i(0) \tag{2.1}$$

となる．この差分の τ_i（タウと呼ぶ）を新聞購読の有無が政治知識量に与える**因果効果**（causal effect）と定義する[1]．例えば，ある特定の時期に i さんが新聞を購読したときの知識量が 7 で，購読しなかったときの知識量が 3 だったとする．このとき $\tau_i = 7(1) - 3(0) = 4$ となるので，新聞購読の因果効果は 4 である．つまり，3 ヶ月間の新聞購読によってクイズの正答数が 4 つ増えたのである．逆に，τ_i が負の値になる場合，新聞購読により政治知識量が減ったことを意味する．τ_i が正や負の値をとる場合，新聞購読によって政治知識量が変化しているので 2 つの変数には因果関係があると言える．τ_i がゼロかそれに近い値をとる場合，新聞購読の有無で政治知識量が変化しないので，新聞購読には因果効果がない，2 つの変数には因果関係がないと判断する．

　この因果効果の定義では，i さんという 1 人の有権者がある特定の時期に新聞購読をしたときとしなかったときの政治知識量を比較している．同一人物について比較を行っているので，新聞購読の有無を除けば，i さんを特徴づける他の変数（教育程度や年齢といった社会経済的属性，党派性や政治満足度などの政治的属性，性格や好みなどのその他の個人的属性）はすべて同じである．例えば，i さんは広島県に住む 30 歳の女性の会社員で，政治に関心がある人物だったとしよう．この i さんがある時期に新聞購読をしたときの政治知識量と，同じ時期に新聞購読をしなかったときの政治知識量という 2

1）　**介入効果**（treatment effect）とも呼ばれる．

つの異なる結果を比較しているのである．よって，他の変数を完全に同じ状態に保った上で，新聞購読という原因の状態の変化が政治知識量という結果変数に与える効果を明確に定義できるのである．

式(2.1)で示した因果効果の定義は，ドナルド・ルービン(Donald Rubin)が開発した**潜在的結果**(potential outcome)という重要な概念に基づいている．iさんという同一の個人を観察対象として，潜在的に実現可能な2つの結果を対比することで因果効果を定義している．「潜在的に実現可能」とは，iさんにとって新聞の定期購読の有無はどちらも起こりえるという意味である．しかし，現実には，対となる2つの結果$Y_i(1)$と$Y_i(0)$のうち，実現するのは1つしかない．たとえば，2020年の1月はじめから3月終わりにかけてiさんが新聞を定期購読したとする．このときに実現したのは$Y_i(1)$という結果であり，$Y_i(0)$という結果は存在しえない．逆に，同じ期間中にiさんが新聞購読をしなかったのであれば，存在しないのは$Y_i(1)$である．つまり，ある時点での個人を観察対象とする以上，$Y_i(1)$と$Y_i(0)$のどちらかの結果は現実には存在しない**反事実**(counterfactual)となってしまう．$Y_i(1)$か$Y_i(0)$のどちらか片方のみしか存在しないのであれば，$Y_i(1)-Y_i(0)$を求めることは不可能である[2]．

3 因果効果の測定

この問題の解決策として「同じ時点においてiさんとは別の人物であるjさんとの比較を行う」という方法を思いつくが，これはう

---

2) この問題を**因果推論の根本問題**(the fundamental problem of causal inference)と呼ぶ(Holland 1986).

まくいかない. j さんは大阪府に住む 40 歳の男性の会社員で政治にあまり関心がない人物だったとしよう. ある期間において, i さんは新聞を定期購読したが, j さんは新聞購読をしていなかったとする. i さんと j さんの政治知識量を比較したときに

$$Y_i(1) - Y_j(0) > 0$$

であったとしても, 政治知識量の差が存在する原因が新聞購読の違いなのか, あるいは i さんと j さんの属性差(年齢, 性別, 居住地, 政治関心度, 性格などの違い)なのか判断ができない.

　別の方法として「2 つの時点における i さんの結果を比較する」のはどうだろう. 2 つの時点をそれぞれ $t=1$ と $t=2$ で表したとして, $t=1$ の時点での i さんは新聞購読をしており, $t=2$ の時点での i さんは購読をやめていたとしよう. 2 時点での政治知識量の比較をしたとして,

$$Y_{i,t=1}(1) - Y_{i,t=2}(0) > 0$$

という結果が得られるかもしれない. しかし, この比較においても, $t=1$ 時点での i さんと $t=2$ 時点での i さんにはさまざまな違いが生じている可能性(例えば転職した, 実家を出て一人暮らしを始めた, 社会全体で政治への関心が高まった)がある. そのため, 結果の差が生じた原因が新聞購読なのかそれ以外の理由なのかを特定することは不可能である.

　そこで, 個人ではなく, 集団を対象として因果効果を測定できないかを考えてみる. 調査対象としている各有権者は, 新聞の定期購読ありグループか定期購読なしグループのどちらかに属するとする. 各状態をそれぞれ $D_i = 1$(購読あり)と $D_i = 0$(購読なし)と定義

する．この D_i を**介入変数**(treatment variable)と呼ぶ．ここで i は各有権者を意味する．以下では $D_i = 1$ の状態にある有権者グループを**介入群**(treatment group)，$D_i = 0$ の状態にある有権者グループを**対照群**(control group)と呼ぶ．

●**介入変数の意味**　D_i を「介入」変数と呼ぶのは，原因の状態を人為的・強制的に与えたとき(つまり人為的・強制的に介入したとき)に結果変数に何が起きるのかを調べるという無作為化実験(3 章と 4 章で紹介する)に由来する．各有権者を $D_i = 1$ か $D_i = 0$ に人為的に振り分けるような状況を想像してほしい．医学の世界において，特定の病状に対処するために医学的介入(例えば，新薬を投与する・しない)を行うことと同じ意味を持つ．

　なお本書では，介入変数の意味を広く定義し，原因の状態を仮想的に変化させられる変数をすべて介入変数と呼ぶ．つまり，原因の状態について事実と反事実を同時に仮想できるような変数であれば，それを介入変数と呼ぶのである．よって，「もしある有権者の年齢が高くなったら」や「もしある国が内戦を経験しなかったら」といった介入は現実には不可能だが，年齢の高低や内戦の有無により潜在的結果を仮想することができる変数なので，それらも介入変数として取り扱う．この意味において，介入変数は独立変数(independent variable)や説明変数(explanatory variable)と同等の意味を持つ．また，結果変数を従属変数(dependent variable)や被説明変数(explained variable)と呼ぶこともできる．

　介入群と対照群でそれぞれ政治知識量を測定すれば，その平均値は $E[Y_i|D_i = 1]$ と $E[Y_i|D_i = 0]$ と書ける．$E[..]$ は**期待値**(Expected value)を意味しており，分析対象の全員の平均値と見なしてほしい．例えば 10 人を分析対象としていて，各人の値がそれぞれ 1，2，…，10 であるとしよう．この場合，期待値は $(1+2+3+4+5$

$+6+7+8+9+10)/10=5.5$ となる．$E[..]$ に含まれる縦棒線 $|..$ は「$..$ という条件が満たされるとき」ということを意味する．よって，$E[Y_i|D_i=1]$ は，介入群の有権者$(D_i=1)$の政治知識量の平均値を意味し，$E[Y_i|D_i=0]$ は対照群の有権者の政治知識量の平均値を意味する．

　次に，$D_i=1$ の有権者について 2 つの潜在的結果(つまり $Y_i(1)$ と $Y_i(0)$)を考える．同様に，$D_i=0$ の有権者についても 2 つの潜在的結果を考えてみよう．ここでは，介入群の有権者で実際に定期購読をしたという結果と，対照群の有権者で実際に定期購読をしなかったという結果に注目する．この場合，それぞれ $E[Y_i(1)|D_i=1]$ と $E[Y_i(0)|D_i=0]$ と書くことができる．これら 2 つの期待値の差分は

$$E[Y_i(1)|D_i = 1] - E[Y_i(0)|D_i = 0] \qquad (2.2)$$

となる．

　式(2.2)は，介入群の有権者が定期購読をしたときの結果と対照群の有権者が定期購読をしなかったときの結果を比較しているので，実際に観察可能である．ではその比較から得られる値は，前節の式(2.1)で定義した τ と等しくなるのだろうか．もし式(2.2)と τ が等しいのであれば，介入群と対照群の平均値の比較を通じて式(2.1)が示す因果効果を明らかにすることができる．実際，以下の 2 つの条件が満たされれば，式(2.2)と τ は等しくなる．1 つ目は，研究対象となっているすべての有権者について，新聞購読が政治知識量に与える因果効果が等しいという条件である．誰が定期購読をしても，それが政治知識量に与える因果効果は一定であることを意味する．

　2つ目は，介入群と対照群の有権者の間にはもともとの政治知識量に差がない，という条件である．この条件は以下の手続きによって導かれる．まず，式(2.1)を $Y_i(1) = Y_i(0) + \tau$ と書き換える．次に，これを使って式(2.2)を以下のように変形する：

$$
\begin{aligned}
E[Y_i(1)|D_i &= 1] - E[Y_i(0)|D_i = 0] \\
&= E[(Y_i(0) + \tau)|D_i = 1] - E[Y_i(0)|D_i = 0] \\
&= E[Y_i(0)|D_i = 1] + E[\tau|D_i = 1] - E[Y_i(0)|D_i = 0] \\
&= \tau + E[Y_i(0)|D_i = 1] - E[Y_i(0)|D_i = 0] \qquad (2.3)
\end{aligned}
$$

1列目から2列目では $Y_i(1)$ の部分に $Y_i(0) + \tau$ を代入している．3列目から4列目では，因果効果が全員に共通であるという1つ目の条件と定数の期待値は定数になることを利用している．

　よって，式(2.2)が τ と等しくなるには，式(2.3)の $E[Y_i(0)|D_i = 1] - E[Y_i(0)|D_i = 0]$ がゼロであればいい．では，$E[Y_i(0)|D_i = 1]$ と $E[Y_i(0)|D_i = 0]$ はそれぞれ何を意味しているのだろう．後者は「購読なしの対照群に属する有権者($D_i = 0$)が新聞購読をしなかったときの政治知識量 $Y_i(0)$」を意味する．一方，前者の $E[Y_i(0)|D_i = 1]$ は「購読ありの介入群に属する有権者($D_i = 1$)が新聞購読をしなかったときの政治知識量 $Y_i(0)$」を意味する．どちらも新聞購読をしなかったときの結果なので(つまり介入の影響を受けていないので)，$E[Y_i(0)|D_i = 1] - E[Y_i(0)|D_i = 0]$ がゼロであるということは，介入群と対照群の間にはもともとの政治知識量に差がないことを意味する．言い換えると，新聞購読という介入変数の影響を受けていない状況では，介入群と対照群の有権者の平均的な政治知識量が等しいことを意味する．

4　自己選択バイアスの影響

　ここで重要になるのが，介入変数の状態(つまり介入群か対照群に属するか)が決まるメカニズムである．このメカニズムこそが式 (2.3) の $E[Y_i(0)|D_i = 1] - E[Y_i(0)|D_i = 0]$ がゼロになるかどうかに重要な影響を及ぼす．

　現実社会では，新聞を購読する・しないという状態は各有権者の**自己選択**(self-selection)で決まる．つまり，各有権者は介入群か対照群のどちらかに属するかを自分で決める．そして，この決定には有権者の意思や特徴が強く反映される．例えば，政治や社会情勢に興味があって政治情報を定期的に入手したいと思う有権者は，お金や時間を使ってでも新聞を定期購読するだろう．逆に，政治や社会情勢に関心がない有権者，あるいは他に優先したいことがある有権者は新聞を定期購読する強い理由を持たない．

　よって，新聞を購読することを選ぶ介入群の有権者と，購読しないことを選ぶ対照群の有権者の政治知識量にはもともと大きな差があると推測できる．定期購読をしたかどうかとは関係なく，対照群に比べて介入群の有権者の知識量のほうがもとから高い($E[Y_i(0)|D_i = 1] > E[Y_i(0)|D_i = 0]$)かもしれないのである．この場合，式(2.2)を使って政治知識量を比較すると，観察できる差分は $\tau + E[Y_i(0)|D_i = 1] - E[Y_i(0)|D_i = 0]$ となる．この $E[Y_i(0)|D_i = 1] - E[Y_i(0)|D_i = 0]$ を**自己選択バイアス**(セルフセレクションバイアス)と呼ぶ．ここでバイアスとは，観察された差分と真の因果効果 τ のズレを意味する．介入群に属するか対照群に属するかが自己選択で決まることにより，求めたい因果効果と実際に観察できた差分にズ

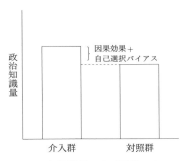

図 2.1　因果効果と自己選択バイアス

レが生じてしまうのである.

　自己選択バイアスの可能性こそが，介入群と対照群の単純な比較
では因果効果を明らかにすることができない理由である．新聞購
読と政治知識量の例だと，$E[Y_i(0)|D_i=1] > E[Y_i(0)|D_i=0]$ とな
る可能性が高い．よって，図 2.1 が示すように介入群の有権者と
対照群の有権者の政治知識量の平均値の差が正だったとしても，そ
の差が新聞購読による因果効果を反映しているのか，あるいは自己
選択バイアスによるもともとの知識量の違いを反映しているのかの
判断がつかない．場合によっては，新聞購読には全く因果効果がな
いが，自己選択バイアスの影響で知識量に大きな差が生じることも
ありえるのである.

　1 章で取り上げた投票啓発活動の例においても，その因果効果を
正確に測定できないのは自己選択バイアスが原因となっている．有
権者の若年率が高く投票率が低い自治体では投票啓発活動を実施
し，若年率が低く投票率が高い自治体ではそのような活動を実施
しない．つまり，啓発活動ありの介入群となしの対照群ではもと

もとの投票率に差があるので(つまり $E[Y_i(0)|D_i=1] < E[Y_i(0)|D_i=0]$), 単純な比較では投票啓発活動の因果効果をうまく測定することができなかったのである.

なお, 自己選択バイアスは直接には観察できない. というのも介入群が定期購読をしなかった状態(つまり $E[Y_i(0)|D_i=1]$)は反事実に基づいて定義されているからである. よって, 事後的に自己選択バイアスの影響を取り除くことはできない.

5　自己選択バイアスの例

1 章の冒頭で示した例のうちの 3 つを使いながら, 自己選択バイアスの意味をさらに詳しく考えていこう.

(1)　女性議員が増えれば社会保障政策が拡充される？

女性議員比率の増加が政策に与える因果効果を調べるために, 女性議員の比率が高い国々(介入群)と低い国々(対照群)の政策を比較するとしよう. 具体的な政策例として育児政策に使われる予算規模に注目する. 一般的に, 男性有権者に比べて, 女性有権者は大きな政府志向と言われている. 大きな政府志向とは, 我々の日常生活において政府がより積極的な役割を果たすことを求めるような考え方を意味する. 例えば, 医療・教育・雇用などの分野で各自のみが責任を持つ(自助)のではなく, 必要があれば社会全体でその費用を負担していく(公助)といった考えを指す. 女性は経済的に不利な立場に置かれることが多いので, それを克服するために政府による積極的な政策介入を支持する傾向にある. 加えて, 育児と密接に関わることの多い女性有権者は, 育児政策が充実することを望むだろう.

女性議員は女性有権者のニーズを正確に理解する可能性が高く，そのニーズを政策形成過程において実現しようとする．よって，議会における女性議員比率が高くなると，育児政策予算の規模が大きくなるという仮説が導かれる．

この仮説を検証するために，介入群と対照群の国々における育児政策予算額の平均値を求め，その差を計算したとする．この差分が国民1人あたりの金額で3000円だったとしよう．この3000円は女性議員比率が高いことによる因果効果と自己選択バイアスの影響によって生み出された可能性がある．自己選択バイアスが生じる要因としては，介入群と対照群の国々における有権者のイデオロギー志向が考えられる．女性議員比率の低い対照群の国々に比べて，女性議員比率の高い介入群の国々はそもそも大きな政府志向でリベラルな価値観を持つ有権者が多い社会なのかもしれない．このような社会では女性の政治進出度が高くなるし，また育児政策も充実する傾向にあるだろう．

女性議員比率が与える因果効果が1000円だとして，女性議員比率に関係なくそもそも介入群では平均で1人あたり2000円ほど育児政策への支出額が多いとしよう．このとき，

$$女性議員比率の因果効果 + 自己選択バイアス = 1000 円 + 2000 円$$
$$= 3000 円$$

となり，自己選択バイアスのせいで介入群と対照群の単純な比較が因果効果の過大評価につながってしまうのである．有権者全体のイデオロギー志向が議会における女性議員の比率と育児政策への予算額の両方に影響を与えている可能性がある．このような変数を**交絡変数**(confounding variable)と呼ぶことが多い．

（2）　難民・移民が来ると受け入れ先の住民は反発する？

　他国からの難民の流入に対して，受け入れ先の住民が反発し排斥的な態度をとるようになるかを調べたいとする．そこで，難民を多く受け入れた地域(介入群)の住民と，難民をあまり受け入れなかった地域(対照群)の住民の排斥的態度を比較するとしよう．排斥的態度は住民を対象とした世論調査で測定する．具体的には，「あなたは難民受け入れにどの程度反対しますか」という質問を使い，0 点は全く反対しない，5 点は中立，10 点は強く反対の 11 点尺度で測定したとしよう．点数が高くなるほど，難民受け入れに反発し排斥的態度を示すことを意味している．データ収集後に介入群と対照群の排斥的態度を集計して，その差を計算したとする．

　この差分が 0 だったとしよう．つまり難民を受け入れた地域と受け入れなかった地域では住民の排斥的態度に全く差がなかったのである．このような結果が生じた理由として，2 つの可能性が考えられる．1 番目は，難民受け入れには住民の反発を招くような効果が全くなかったという可能性である．2 番目は，難民受け入れにはそのような効果があったのだが，自己選択バイアスのせいでその効果が見えなくなってしまった可能性である．

　この自己選択バイアスの意味を理解するために，そもそも難民が自分たちの移動先をどのように選んでいるのかを考えてみよう．戦争や抑圧を理由に自分がもともと住んでいた地域から別の地域へ移動すると決める際に，多くの人はできるだけ早くに定住して安定した生活を送れるようにと望むだろう．よって，難民となった人々は，排斥的態度を示さず自分たちを快く受け入れてくれそうな地域を探すはずである．つまり，難民の流入先はもともと排斥的態

度があまり強くない地域になる可能性が高い．例えば，難民の流入には 11 点尺度で 3 点ほど排斥的態度を強める因果効果があるとする．さらに，対照群の住民と比べて，多くの難民が移住先として選んだ介入群の地域の住民の平均的な排斥的態度は 3 点ほど低かったとする．このとき，

難民受け入れの因果効果 ＋ 自己選択バイアス ＝ 3＋(−3) ＝ 0

となり，実際には難民の流入には受け入れ先の住民の反発を招く因果効果があったにもかかわらず，自己選択バイアスのせいでその効果が見えなくなってしまったのである．ここでは，結果変数(つまり地域住民の排斥的態度)が介入変数(つまり難民の流入先)に影響を及ぼすという逆の因果関係(reverse causality)が存在する可能性がある．

(3)　民主化すれば人々の暮らしは良くなる？

民主化が人々の暮らしに与える因果効果を調べるために，民主的な国(介入群)と非民主的な国(対照群)の経済発展の度合いを比較するとしよう．各国の民主化の度合いは 0 から 10 の 11 点尺度で評価し，0 点は完全に非民主的で 10 点は完全に民主的だとする．ここでは 5 点以下の国々を非民主的と定義し対照群に加え，6 点以上の国々を民主的と定義して介入群に加える．経済発展度は 1 人あたり GDP で測定し，介入群と対照群の 1 人あたり GDP の差を求めたとする．

この差分の値が 30 万円だったとしよう．この差が生じた理由は 3 つ考えられる．民主化が 1 人あたり GDP に与えた因果効果，逆の因果関係による自己選択バイアス，そして交絡変数による自己選択バイアスである．逆の因果関係とは，経済発展が国の民主化を促

すという可能性である．経済発展が進み社会が豊かになれば，政治
的平等や財産の保障など基本的な人権を求める人々の声はより強く
なるかもしれない．経済発展度が民主化の度合いに影響を与えるの
であれば，もともとの経済発展度が介入群と対照群で異なっており
（自己選択バイアス），それが民主化の因果効果を誇張することにな
る．交絡変数としては，社会の歴史的・文化的背景の影響があげら
れる．民主化と経済発展が進んだ国では，そもそもそれらを促すよ
うな社会的慣習や制度があったのかもしれない．

　もし経済発展に対する 3 つの要因の寄与度が等しいとすると

　　民主化の因果効果＋逆の因果関係による自己選択バイアス

　　　＋交絡変数による自己選択バイアス

　　　　＝ 10 万円＋ 10 万円＋ 10 万円 ＝ 30 万円

となり，やはり単純な比較では民主化が経済発展に与える影響を正
確に観察できないことがわかる．

　ここまでの 3 つの事例からわかることをまとめよう．有権者や
国々の自己選択に基づいて介入群と対照群への割り当てが決まっ
ているという状況においては，介入群と対照群の単純な比較を行っ
ても介入変数が結果変数に与える因果効果を正確に**識別する**(iden-
tify)ことができないのである．1 番目と 3 番目の例が示すように，
単純な比較を行えば，介入変数の状態が異なると結果変数の状態も
異なるという**共変関係**(covariation)の有無は示せるかもしれない．
しかし，2 番目の例が示すように，因果効果と自己選択バイアスが
互いにその影響を打ち消してしまう場合には，共変関係すらも明ら
かにできないのである．

第**3**章

··

統制に基づく比較の限界と
自己選択バイアスの克服

　前章では，自己選択バイアスが原因となり，介入群と対照群の単純な比較では因果効果を測定できないということを論じた．この問題に対処するために，自己選択バイアスをもたらす交絡変数の影響を**統制**(control)するという方法がある．この章では，はじめにこの方法の意味とその限界を論じる[1]．特に回帰分析を通じた統制に注目する．

　続いて，統制とは全く異なるアプローチとして**無作為割り当て**(random assignment)に注目し，なぜそれが自己選択バイアスを減らすための手段として有効なのかを論じる．最後に，社会科学では無作為割り当てを利用できない場面が多いことを指摘し，無作為割り当てに準ずる状況を作り出すことのできる 4 つの手法の主な特徴と共通点を簡単に説明する．

1　交絡変数の統制

2 章では，有権者が自己選択に基づいて新聞の定期購読の有無を

---

1)　統制の代わりに制御や調整という言葉が使われることもある．

決めることが，自己選択バイアス(定期購読の有無とは関係がない介入群と対照群のもともとの政治知識量の差)を生み出すと論じた．これから説明する統制というアプローチでは，介入状態の選択に影響を及ぼすと思われる交絡変数を特定して，その影響を取り除こうとする．具体例を使ってこのアプローチの詳細を見てみよう．

世論調査から得られたデータを用いて，「新聞購読→政治知識量増」の関係を調べるとする．データの具体例として，2018年1月から3月にかけて収集された「民主主義の分断と選挙制度の役割：CSESモジュール5日本調査」を用いる[2]．この調査では2017年10月の衆院選時点での有権者の行動や意見などについての質問が多数含まれている．

この調査の回答者は「あなたがふだん，政治についての情報を見たり聞いたりするメディアについておうかがいします．まず新聞についてはどうでしょうか．」という質問に回答している．回答者は提示されたリストから「読売新聞」や「朝日新聞」など普段購読している新聞名を選択した．この回答を用いて，新聞名を1つでも選んだ回答者を新聞定期購読ありの介入群に，「新聞は読まない」と答えた回答者を定期購読なしの対照群に分類する．

政治知識量の測定には，データに含まれている以下の3つの質問を利用する．

---

2)　この調査の対象者は全国から無作為に選ばれた約3300人の有権者である．面接調査が2018年1月に，さらに面接調査で回答を得ることができなかった対象者のうち609人に対しての郵送調査が2月に実施された．最終的な面接調査の回答者数は1544人で郵送調査の回答者数は144人であった．面接調査と郵送調査を合わせた回答率は約55%である．このデータは東京大学社会科学研究所附属社会調査・データアーカイブ研究センターSSJデータアーカイブから入手可能である．

- 「つぎの人物のうち，今回の衆議院選挙時の外務大臣は誰でしたか．[岸田文雄（きしだ ふみお）]，[河野太郎（こうの たろう）【正解】]，[麻生太郎（あそう たろう）]，[世耕弘成（せこう ひろしげ）]の中からお選びください．」
- 「現在の衆議院で二番目に議席数の多い党はつぎのうちどの党ですか．[立憲民主党【正解】]，[希望の党]，[公明党]，[日本維新の会] の中からお選びください．」
- 「憲法改正を発議するための要件はこの中のどれですか．[各議院の総議員の 2/3 以上の賛成【正解】]，[各議院の総議員の過半数の賛成]，[各議院の出席議員の 2/3 以上の賛成]，[各議院の出席議員の過半数の賛成]」

正答には 1 点，誤答やわからないという回答には 0 点を与えた．正答数をすべて足し合わせて，最小値が 0 点で最大値が 3 点の政治知識量の指標を作成した．

　介入群と対照群における政治知識量の平均値をそれぞれ求めたところ，図 3.1 のようになった．対照群と比べて，介入群の政治知識量が 0.5 ポイントほど高いので，新聞を購読することで政治知識量が増えるという仮説が支持されていると言いたくなる．

　しかし，前章の議論を踏まえると，図 3.1 に示す分析結果では「新聞購読→政治知識量増」という因果関係があるかどうかを判断できない．前述のように，自己選択バイアスが問題となるからである．例えば，人々の教育程度（大卒以上か大卒未満かとする）は新聞購読の決定に影響を与えるかもしれない．大卒以上の有権者ほど新聞購読をする確率が高いのであれば，対照群に比べて介入群には大卒

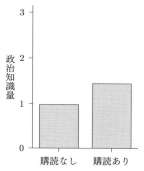

注：民主主義の分断と選挙制度の役割：
CSES モジュール 5 日本調査データに基づ
く．

図 3.1 新聞購読と政治知識量の関係

以上の有権者が多く含まれるだろう．よって，図 3.1 が示すよう
に，対照群に比べて介入群の平均政治知識量が高かったとしても，
この結果の背後には，「新聞購読によって政治知識量が増える」と
「新聞購読とは関係なく，介入群では教育程度が高いので政治知識
量も高い」という 2 つの異なる説明が存在する．つまり，新聞購
読の有無に関する自己選択バイアスのせいで，因果効果を正確に識
別できていない可能性がある．教育程度は交絡変数として自己選択
バイアスの原因となっている可能性が高い．

　教育程度，新聞定期購読，政治知識量の関係を図 3.2 にまとめ
た．交絡変数である教育程度は自己選択を通じて介入変数である新
聞の定期購読の有無に影響を及ぼす．また，教育程度は，定期購読
の有無とは関係なく，政治知識量に影響を及ぼす．

　自己選択バイアスの問題に対処するために，教育程度の影響を統

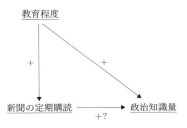

図 3.2　教育程度，新聞定期購読，政治知識量の関係

表 3.1　教育程度と新聞購読

新聞購読なし＆大卒未満	新聞購読なし＆大卒以上
新聞購読あり＆大卒未満	新聞購読あり＆大卒以上

制してみよう．教育程度の高低と新聞購読の有無の組み合わせを使って，表 3.1 のように回答者を 4 グループに分割する．そして，まずは左列の大卒未満回答者のみを対象として，新聞購読なし(濃いグレー)と新聞購読あり(薄いグレー)のグループの平均政治知識量の差を求める．次に，右列の大卒以上回答者のみを対象として，購読なし(濃いグレー)と購読あり(薄いグレー)による平均政治知識量の差を求める．これらの比較では，教育程度が同じ回答者群のみに絞って新聞購読の有無と政治知識量の関係を調べているので，教育程度の影響を取り除くことができている．つまり，教育程度の影響を統制できているのである．教育程度が唯一の交絡変数であれば，その影響を取り除くことで新聞購読の有無が政治知識量に与える因果効果を識別できる．

　図 3.3 は先ほどと同じデータを使い，回答者を教育程度で分割

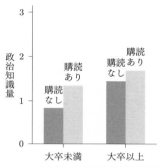

注：民主主義の分断と選挙制度の役割：CSES
モジュール5日本調査データに基づく.

図3.3 教育程度を統制したときの新聞購読と政治知識量の関係

してから新聞購読の有無による平均政治知識量を計算した結果を示している. 図中の左側の棒グラフを見ると, 大卒未満の回答者の場合, 新聞購読なしの回答者(濃いグレー)と比較して, 購読ありの回答者(薄いグレー)のほうが政治知識量が高い. その差は約0.6ポイントある. 大卒以上の回答者を対象とした右側の棒グラフを見ると, 新聞購読ありの回答者(薄いグレー)のほうが政治知識量が約0.3ポイント高い. よって, 教育程度の影響を統制した上でも, 新聞購読によって政治知識量が増えるように見える.

2 回帰分析による複数の交絡変数の統制

ここまでは, 教育変数以外の交絡変数が存在しないという前提のもとで議論を進めてきた. ところが, 実際には教育程度以外にもさまざまな社会経済的属性が交絡変数となる可能性がある. 年齢, 性

表 3.2　新聞購読と政治知識量についての回帰分析の結果

	結果変数：政治知識量			
	(1)	(2)	(3)	(4)
新聞購読あり	0.458(0.052)	0.442(0.051)	0.274(0.053)	0.218(0.053)
大卒		0.410(0.051)	0.342(0.052)	0.284(0.052)
テレビでニュースを見る			0.220(0.093)	0.165(0.092)
収入中レベル			0.112(0.054)	0.099(0.053)
収入高レベル			0.220(0.063)	0.183(0.062)
41-64 歳			0.295(0.058)	0.256(0.058)
65 歳以上			0.386(0.067)	0.295(0.067)
女性			−0.351(0.045)	−0.318(0.044)
配偶者あり			0.008(0.052)	−0.011(0.051)
政治関心度				0.215(0.030)
切片	0.981(0.044)	0.886(0.045)	0.668(0.100)	0.230(0.117)
回答者数	1,542	1,542	1,542	1,541
調整済み R^2	0.048	0.085	0.148	0.175

注：民主主義の分断と選挙制度の役割：CSES モジュール 5 日本調査データに基づく．カッコ内は標準誤差.

別，収入などは新聞購読の有無と関連する可能性が高いし，またそれらの変数は政治知識量にも影響を及ぼすだろう．交絡変数が複数あるような状況では，**回帰分析**(regression analysis)という手法を用いて，複数の交絡変数の影響を同時に統制することが多い．

　その具体例を見てみよう．表 3.2 は前節と同じデータと回帰分析を使って，新聞購読と政治知識量の関係を推定した結果を示している．回帰分析の技術的基礎は 5 章で解説するので，ここではその概要と分析結果をまとめた表の読みかたのみを説明する．世論調査データを用いて，以下のような回帰式を推定するとしよう：

$$knowledge_i = \beta_0 + \beta_1 newspaper_i + u_i \qquad (3.1)$$

この式の左辺の $knowledge_i$ は結果変数である政治知識量を意味している．i は回答者を意味していて，例えば $knowledge_1$ は 1 番目の回答者の政治知識量，$knowledge_{100}$ は 100 番目の回答者の政治知識量を指す．結果変数は回帰式の左辺に位置づけられる．一方で，介入変数は回帰式の右辺に位置づける．右辺の $newspaper_i$ は回答者 i が新聞購読をしているかを意味する**ダミー変数**(dummy variable)で，購読していれば 1，購読していなければ 0 となるように定義されている．ダミー変数は大卒以上かどうか，女性かどうか，高齢かどうかなど，特定のグループに属するかどうかを表すために使われることが多い．u_i は**誤差項**(error)と呼ばれるが，ここでは新聞購読以外で政治知識量に影響を与える要因のすべてが含まれていると考えてほしい．

式(3.1)の β_0 と β_1 が推定の対象であり，それぞれ 2 次関数の切片と傾きを意味する．β_0 は $newspaper_i$ が 0 のとき，つまり新聞購読をしていない回答者の平均的な政治知識量を表す．β_1 は $newspaper_i$ と $knowledge_i$ の関係の方向と強さを表す．具体的には，新聞購読が 0 から 1 にかわったとき，つまり購読なし(対照群)から購読あり(介入群)に変わったときの政治知識量の変化を表す．β_1 が正の値と推定されるのであれば，新聞購読は政治知識量に正の影響を及ぼすと言える．次章以降で詳しく説明するが，自己選択バイアスがない状況では，β_1 は政治知識量の因果効果の推定値となる．

表 3.2 の列(1)の推定結果を見てみよう．β_1 の推定値は 0.458 となっている．この値は図 3.1 で示した購読あり群と購読なし群の政治知識量の差に等しい．新聞購読がなしからありに変化したときに，政治知識量が 0.458 ポイント増えることを示唆している．し

かし，先ほども述べたが，この関係は交絡変数の影響を受けている可能性が高い．そこで，次に列(2)では大卒かどうかを統制した上で，新聞購読と政治知識量の関係を推定している．具体的には，

$$knowledge_i = \beta_0 + \beta_1 newspaper_i + \beta_2 college_i + u_i \qquad (3.2)$$

という式を使っている．右辺に $college_i$ という大卒以上かどうかを表すダミー変数が追加されている．交絡変数と思われる $college_i$ を回帰式に追加することで，その影響を統制することができる．表3.2の列(2)の推定結果を見ると，β_1 の推定値は 0.442 であり，列(1)の推定値と大きく異ならない．つまり教育程度を統制したとしても，新聞購読と政治知識量の関係は大きく変わらないのである．

では，交絡変数と思われる他の属性を回帰式の右辺に追加するとどうなるだろうか．表3.2の列(3)は，テレビでニュースを見るかどうか，世帯収入が中レベル(400から800万円)あるいは高レベル(800万円以上)かどうか(400万未満グループがベースライン)，41-64歳あるいは65歳以上かどうか(40歳以下がベースライン)，女性かどうか，配偶者がいるかどうかという属性の影響を統制した．ベースラインとは比較対象となるグループを意味し，例えば世帯収入低レベルと比較して，世帯収入中レベルや高レベルの有権者の政治知識量が高いかどうかを調べるのである．これらの属性変数を追加した結果，β_1 の推定値は 0.274 となり，列(1)の推定値と比べるとそのサイズはおよそ 0.2 ポイントも小さくなった．つまり，これらの交絡変数の影響を考慮しない列(1)や(2)の分析は，新聞購読の影響を過大に推定していたのである．

　交絡変数をどんどん追加で回帰式に含めてそれらの影響を統制すれば自己選択バイアスの問題を克服できるかというと，残念ながら

このアプローチはうまくいかないことが多い．なぜなら，**統制すべき交絡変数を選択するのが難しい**，**統制したくてもできない**という2つの問題があるからである．

　まず交絡変数の選択の問題について考えてみよう．表3.2の列(3)で示した分析では，教育程度に加えてさまざまな属性変数の影響を統制することで自己選択バイアスを減らそうとした．しかし，現実には他にもさまざまな交絡変数が存在する可能性がある．政治のことをあまり知らないので，新聞を読んでいろいろ学ぼうと考える有権者がいてもおかしくないだろう．また，日々の生活に時間的な余裕がある人ほど新聞を読もうと思うこともありえる．自己選択バイアスを引き起こす交絡変数は無数にあり，回帰分析の枠組みの中でそれらをすべて統制しようとする試みには限界がある．そもそも新聞購読の有無や政治知識量に影響を与えそうなすべての要因がわかっているわけではないので，すべてを統制するという考え方には無理がある．

　また，統制すべきでない変数を交絡変数と見なしてしまう**間違った統制**（bad control）をしてしまう可能性もある．回帰式で交絡変数として統制すべきは，自己選択バイアスの原因となるような変数である．交絡変数は介入変数の状態（つまり新聞購読の有無）に影響を及ぼすと想定されるので，交絡変数の値は時間的に先行して決まっている必要がある．例えば，年齢や性別は新聞購読の選択より前に決まっているので，この条件を満たしている（新聞購読が年齢や性別を変化させることがないからである）．つまり，介入変数の影響を受けて交絡変数が変化してはいけないのである．

　よって，介入変数の状態によって変化するような変数は，交絡変数としてその影響を統制すべきではない．例えば，政治関心度は

新聞購読に影響を及ぼす可能性があるが，同時に新聞購読を始めた結果として関心度が変化する可能性もある．介入変数の影響を受ける可能性のある変数を統制すると，介入変数の因果効果を正確に推定できない可能性が高まる．表3.2の列(4)では実際に政治関心度の影響を統制したときの推定結果を示している．β_1 の推定値は 0.218 となり，列(1)と比べるとそのサイズは半減している．しかし，新聞購読の有無によって政治関心度が変化している可能性もあり，そもそも交絡変数としてその影響を統制すべきではないのかもしれない．よって，列(4)の結果をそのまま受け入れるべきかどうかには疑問が残る．

　次に交絡変数として統制したいけれどできないという問題を考えてみる．これは**観察不可能**(unobservable)な交絡変数の存在によって引き起こされる．教育程度や年齢などの属性変数は世論調査データを用いれば**観察可能**(observable)であり，回帰分析の枠組みの中でそれらの影響を統制することは難しくない．一方で観察可能な属性変数以外にも，各有権者は異なる性質を持っている可能性が高い．例えば「我慢強い」，「積極的」，「楽天的」，「物静か」など個人はさまざまな性質に特徴づけられるが，これらの性質を測定しデータ化することが難しいのは想像がつくだろう．もしこれらの個人間の観察不可能な**異質性**(heterogeneity)が新聞購読の有無や政治知識量に影響を与えているのであれば，データが手に入らない以上，通常の回帰分析の枠組みでそれらの影響を取り除くことができない．

3　無作為割り当て

　ここで必要なのは発想の転換である．自己選択バイアスは，名前

にある通り，個人や集団が何らかの理由に基づいて介入群や対照群に属すること（例えば政治に興味があるから新聞購読をする・しない）を選択することで発生する問題である．であれば，個人や集団が自己選択できないような状況を利用する，つまり個人や集団が自分の意志とは関係なく偶然に介入群や対照群に属するようになった状況を利用することで，因果効果の識別を目指せばいいのではないだろうか．

　このような状況を作り出す最も有効な手段として知られているのが，介入状態の**無作為割り当て**（random assignment）である．無作為割り当てとは，第三者（研究者，政府機関，企業など）が偶然性に基づいて，研究対象である個人や集団の介入変数の状態を決定することを意味する．例えば，ある研究者が，どこかの自治体に居住していて新聞を購読していない有権者のリストを作成し，有権者ごとに介入状態を決定するとしよう．その際には，研究者自身が 10 円玉を机の上に投げて，表が出ればその有権者には新しく発行される新聞の無料の定期購読権を無料で付与し（つまり介入群に割り当て），裏が出れば無料の定期購読権を付与しない（つまり対照群に割り当て）といった手続きを使う．使用する 10 円玉に異常がない限り，表と裏が出る確率は半々である．よって各有権者が介入群（$D_i = 1$）に属するか対照群に属するか（$D_i = 0$）の確率も半々となり，各有権者の介入変数の状態が偶然に決まるのである．リストのうち約半数の有権者は介入群に，残り半数は対照群に割り当てられるだろう．有権者が自分で $D_i = 1$ か $D_i = 0$ を決めているのではなく，自分のコントロールが及ばない第三者による無作為割り当てを通じて介入の状態が決まっている．

　無作為割り当ての長所は，研究対象の数が十分に大きい場合，自

己選択バイアスを減らし，結果的にほぼ同じような特徴を持つ介入群と対照群を作り出すことができる点にある．もともとの政治知識量や社会経済的属性など他の要因とは全く関連することなく無作為に新聞購読の有無が決まるため，Y_i と D_i が無関係であると見なすことができる．これはサイコロを2つ同時に振ったときに，片方のサイコロの目ともう片方のサイコロの目が全く関連していないことと同義である．結果として，自己選択バイアスについて以下が成立する：

$$E[Y_i(0)|D_i = 1] - E[Y_i(0)|D_i = 0] = E[Y_i(0)] - E[Y_i(0)] = 0 \tag{3.3}$$

前章の式(2.3)において自己選択バイアスを意味する項がゼロになり，介入群と対照群の平均値の差が求めたい因果効果 τ に等しくなるのである．

　無作為割り当てを通じて明らかにできる因果効果 τ は**平均因果効果**(Average Treatment Effect, ATE)と呼ばれる．次章以降で紹介する手法は必ずしも ATE を明らかにしてくれるわけではない．明らかになる因果効果が何を意味するのかについてはそれぞれの章で説明する[3]．

　注意しなければならないのは，実際の応用の場面において，無作為割り当ては介入群と対照群の間には全く差がないことを完全には

---

3) ここまでの議論では，介入群の有権者が新聞購読をしているという状況が対照群の有権者には全く影響を与えないという仮定(Stable Unit Treatment Value Assumption, SUTVA)が満たされていることを想定している．例えば，介入群の有権者が対照群の有権者と交流を持っており，新聞購読を通じて得た知識を対照群の有権者に伝達していればこの仮定は満たされない．

保証してくれないという点である．無作為割り当ての対象となった調査対象者や集団の数が増えれば，介入群と対照群の平均的な特徴は近似する可能性が高くなる．だからといって各群の平均的特徴が完全に同じであるという保証はどこにもない．そこで，介入群と対照群の有権者の社会経済的属性変数(例えば平均年齢，平均教育程度，男女比率など)を比較してそれらに差がないことを確認するためにバランスチェック(balance check)を行う必要が生じる．介入群と対照群で属性のバランスが取れている(つまり似通っている)かどうかをチェックするという意味である．バランスチェックでは，介入状態の割り当てに先んじて決まっている変数について介入群と対照群の特徴を比較する．「先んじて決まっている」とは，有権者がもともと持っている特徴ということである．新聞購読の有無によって年齢や教育程度は影響を受けないので，バランスチェックの対象となる．

　性別など観察が容易な変数に関して介入群と対照群に差がなければ，無作為割り当ては成功している(つまり自己選択バイアスがない)と見なせることが多い．一方で，もしかしたら観察が難しい変数(例えば性格，好み，我慢強さなど)については差が生じているかもしれないが，それを確認することはほぼ不可能である．よって，無作為割り当ては自己選択バイアスをゼロに近づける強力な手段であるが，バイアスがゼロになったとは言い切れないのである．また，無作為割り当ての対象となった個人が割り当てに従わない場合もある．例えば，ある人が無料購読の対象者に選ばれたとしても，その対象者が「新聞なんて読まないから必要ありません」と断ることもある．このような割り当ての不遵守(non-compliance)は大きな問題になることもある．この点を含め，無作為割り当ての詳細とその応用例を4章でさらに詳しく論じる．

4　5つの研究デザイン

　無作為割り当てに基づいて因果効果を観察しようとする方法を**無作為化実験**と呼ぶ．無作為化実験は因果効果の正確な測定を可能にする強力な**研究デザイン**(research design)である．研究デザインとは，2つのグループの比較を通じて因果効果を明らかにするための研究上の計画を意味する．また，介入変数が結果変数に与える因果効果を正確に識別することを可能にする研究デザインを**内的妥当性**(internal validity)の高いデザインと呼ぶ．自己選択バイアスを排除できれば内的妥当性が高くなり，そう言えない場合は内的妥当性は低い．無作為化実験と単純な比較はそれぞれ内的妥当性の高いデザインと低いデザインと呼べる．内的妥当性の高い研究デザインを設計することを**識別戦略**(identification strategy)を構築すると呼ぶこともある．また，多くの集団に適用できるようなエビデンスを構築できる研究デザインを**外的妥当性**(external validity)の高いデザインと呼ぶ．ある自治体の有権者を対象とした無作為化実験と比べて，日本全国の有権者を対象とした無作為化実験のほうが外的妥当性が高い．

　無作為化実験は内的妥当性の高い強力な研究デザインであるが，倫理的な問題や実行上の問題があり，政治学を含めた社会科学ではその応用は難しいことが多い．例えば，高校卒業時の進路(大学進学か就職か)を無作為に決定したり，各国の民主化の度合いを無作為に割り当てるといった実験は倫理的にも現実的にも実現不可能だろう．また，金銭的・物理的制約があり大規模な無作為割り当てを実現できない状況もある．例えば，多くの有権者を対象として無料の

表 3.3　無作為化実験と他の 4 つの研究デザインの違い

	無作為化実験	他の 4 つのデザイン
介入状態の割り当ては人為的に行われるか	はい	いいえ
介入状態の割り当てメカニズムは前もって決まっているか	はい	いいえ
介入状態の割り当てはどの程度無作為に行われるか	完全に無作為	デザインによる

新聞購読の権利を無作為に割り当て，さらにそれらの有権者の政治知識量について聞き取り調査を行うためには多くの資金・時間・労力が必要である．

　そこで，政治学や経済学などの社会科学分野では，無作為化実験以外の研究デザインの利用が進んでいる．その代表的なものが，5章以降で紹介する自然実験，不連続回帰デザイン，操作変数法，そして差の差法である．無作為化実験とこれら 4 つのデザインの違いをまとめると表 3.3 のようになる(Dunning 2012; Titiunik 2021)．最も大きな違いは，介入状態の割り当てが前もって決められたメカニズムを通じて人為的に行われるかどうかである．無作為化実験では研究者や第三者がコイン投げ，くじ引き，乱数発生器などを使ってあらかじめ定められた手続きに従って完全に無作為に介入状態を割り当てることができる．無作為化実験では，自己選択バイアスがない状況を透明性の高い手続きを通じて人為的に作り出していると言ってもいい．

　一方，自然実験，不連続回帰デザイン，操作変数法，差の差法では第三者による人為的な割り当ては発生しない．自然などの外部の力や何らかのルールに基づいて，個人や集団が介入群と対照群に割

り当てられた状況を使う．第三者による人為的な割り当てではないので，割り当てメカニズムや各群への割り当ての確率は前もってわからない．しかし，自然実験，不連続回帰デザイン，操作変数法では介入状態の割り当てはほぼ偶然と見なせる状況を利用するため，自己選択バイアスがないと想定できる状況を作り出すことができ，結果として因果効果の識別につながるような比較を行えるのである．差の差法では介入の状態がほぼ偶然に割り当てられているとは必ずしも言えない状況ではあるが，介入群と対照群について介入状態の変化が起きる前後の結果変数の変化を経時的に調査することを通じて，自己選択バイアスを軽減することを試みる．

すべての研究デザインに共通するのは，介入群と対照群というペアを慎重に作り出す・あるいは選ぶという考え方である．介入状態以外は近似する特徴を持つ介入群と対照群を選び，それら2つのグループの結果変数を比較するのである．無作為割り当てやほぼ偶然に起きた介入状態の割り当てを利用して因果効果の識別を目指す研究をデザインベース(design-based)の研究と呼ぶ．

次章以降では各手法の詳細を順に紹介していく．自己選択バイアスを減らす最も強力なデザインである無作為化実験を4章で紹介し，5章以降で残りの手法を順に解説していく．なお，本書では自然実験の定義を非常に狭い意味で使用している．不連続回帰デザイン，操作変数法，差の差法を自然実験の一部だと見なすこともある．

....

第4章

無作為割り当てを利用する
比較：無作為化実験

この章では，介入群と対照群への割り当てがあらかじめ定められた手続きに従って人為的・無作為に行われる無作為化実験(または無作為化比較試験とも呼ばれる)の仕組みを紹介する．研究例として用いるのが「世論調査における社会的望ましさバイアス(social desirability bias)をどのように低減するのか」という疑問である．本章の最後では，無作為化実験の応用例であるサーベイ実験とフィールド実験を使った研究例を紹介する．

1 世論調査と社会的望ましさバイアス

人々の考えや行動を把握することを目的としたサーベイ調査は，社会科学にとって欠かすことのできない重要なデータ収集方法である．ビジネスの現場では製品やサービスに関しての消費者の意見を収集することが多いし，医療や公衆衛生の分野では人々の客観的・主観的健康状態や健康に関わる行動についてのデータを収集する．また，有権者の政策の好み，政党支持，選挙での投票参加や投票先

この章の議論と分析は Matsubayashi (2016) に基づいている．

などのデータを収集することを目的として，大手新聞各社や研究者などが頻繁に質問紙を使った**世論調査**(public opinion survey)を実施している．なお，近年ではインターネット上での調査が頻繁に実施されるようになってきているが，2 節までは伝統的な手法である面接や電話による調査を対象として議論を進めていく．

世論調査では，調査の対象となった回答者から正確な回答を引き出すことが重要である．しかし，これは案外難しい．調査の設計者がわかりやすい語句を使って質問していると思っても，質問や選択肢の意味を誤解する回答者がいるかもしれない．また，回答者のプライバシーに関わるセンシティヴな内容に関する質問については，回答者が正直に回答するのをためらったり回答を拒否したりする可能性がある．センシティヴな内容の例としては，公開されれば処罰の対象になることもありえる違法薬物の使用の有無，他人に話すのがためらわれるような非常に私的な内容である性的活動，自分や世帯の収入などがあげられる．

社会的に望ましい行為に関する質問もセンシティヴな内容を含みうる．例えば，調査対象者に過去 3 ヶ月以内に路上でゴミのポイ捨てをしたことがあるかを尋ねるとしよう．ポイ捨てをしたことがあっても，そもそもポイ捨ては社会的に望ましくないし他人から見れば許されない行為であると認識している場合，自分の行為を認めずに「ポイ捨てしなかった」と答えるかもしれない．質問内容によっては調査対象者が社会的に望ましい回答をしてしまう可能性があり，これを社会的望ましさバイアスと呼ぶ．

政治に関わる世論調査でも，社会的望ましさバイアスの影響を受けやすい質問がある．その代表例は政治参加に関する質問である．選挙での投票は有権者の権利であるが，一方で投票は市民としての

義務であるという考え方も社会に広く浸透している．ある調査対象者がいて，その人は投票を市民の義務だと考えているにもかかわらず直近の選挙で投票しなかったとしよう．この人は自分が投票に行かなかったことを人前で認めたくないので，調査員が投票参加の有無を尋ねたときに，実際には棄権したにもかかわらず「投票した」と申告する可能性が高い．このような調査対象者が多いのであれば，世論調査データを使って求めた投票率は実際の投票率よりも高めに推定されてしまう．

　投票参加は過大申告の問題をはらむ一方で，選挙運動への参加や議員・役所への相談といった投票参加以外の政治活動については，日本の有権者は過少申告するのではないかと西澤・栗山(2010)は論じている．日本の有権者は人前でおおっぴらに政治について議論することを避けたり，政治に積極的に関わっていることを認めたがらなかったりするからである．社会的望ましさバイアスを理由として投票参加の過大申告と投票参加以外の政治活動(以下では投票外参加と呼ぶ)の過少申告が起こるのであれば，世論調査データを使って有権者がどれだけ活発に政治に関与しているのかを推測するのは難しくなる．

　では，どのような方法を使えば社会的望ましさバイアスを軽減できるのだろうか．その方法として，ここでは回答の匿名性を高めるというアプローチに注目する．調査対象者が社会にとって望ましい回答をすべきだと感じる可能性が高いのは，回答時に他人の目があるときだと思われる．通常の面接調査では，調査対象者の口頭での回答を調査員が質問票に記録するという面接方式(Paper Assisted Personal Interview，以下では PAPI 方式)が用いられてきた．この場合，調査対象者は回答を申告する相手である調査員の目を気にし

て，社会的に望ましい回答を行う可能性がある．あるいは調査対象者は自宅で回答しているので，家族などの存在を考慮して社会的に望ましい回答を行うこともあるだろう．一方，コンピュータによる自己回答方式(Computer Assisted Self-administered Interviewing，以下では CASI 方式と呼ぶ)では，調査対象者はコンピュータ上で黙ったまま回答を行え，また調査員や家族が回答を見聞きすることができないため匿名性が高まる．よって，PAPI 方式に比べて，CASI 方式では社会的望ましさバイアスの影響を受けた回答が減るという仮説を立てることができる．CASI 方式では投票参加の過大申告が減り，投票外参加の過少申告が減ると予測できる．

　この仮説の検証にはリサーチデザインに 2 つの工夫が必要になる．まず，完全に同一の世論調査を CASI 方式と PAPI 方式の 2 つのやりかたで同時に行うことが求められる．質問内容などすべて同じ条件で CASI 方式と PAPI 方式の調査を行えば，調査方式の違い(つまり匿名性の違い)が回答に与える影響をあぶり出すことができる．さらに，調査対象者の自己選択バイアスをできるだけ減らすことも重要である．例えば，調査員が CASI 方式と PAPI 方式の両方を用意して調査対象者の自宅を訪問したとしよう．もし調査対象者が回答方式を選べるのであれば，調査対象者の特徴が回答方式の選択に影響を及ぼすという自己選択バイアスが生じる．コンピュータ操作に慣れていない高齢の対象者ほど PAPI 方式を選ぶかもしれないし，また回答の匿名性を気にする対象者ほど CASI 方式を選ぶかもしれない．この場合，介入群と対照群のデータの違いが因果効果によるものなのか，あるいは回答者の特徴の違いによるものなのかが判断できなくなる．つまり回答方式の因果効果を識別できなくなる．

　以下では無作為化実験を使って，回答方式の違いが投票参加や投票外参加に関する回答に与える因果効果を調べる．無作為割り当ての重要性についてはすでに3章で説明を行っているので，次節では無作為割り当ての実践方法を説明する．

●**無作為抽出と無作為割り当ての違い**　世論調査の目標は，**母集団**(population)の一部を抜き出して作った**標本**(sample)データの要約から得られた情報を用いて，母集団の特徴についての正確な推測を行うことである．例えば，日本の有権者全体での内閣支持率を知りたいとしよう．このとき母集団は日本に居住する全有権者となり，母集団から一部の有権者を調査対象者として選び出し標本を作成する．そして標本に含まれる対象者に対して，現内閣を支持するかどうかを尋ねる．最終的に，標本の中で「現内閣を支持する」と答えた調査対象者の割合を使って，日本全体の有権者の内閣支持率を推測するのである．

　母集団から標本を選び出すときには，無作為抽出を用いるのが一般的である．日本の有権者を対象とした世論調査の場合，はじめに地域や人口規模を考慮しながら全国各地の地点（各自治体内の町丁目）を無作為に選び出し，そこに居住する数名から数十名の対象者を無作為に選んで調査することが多い．また，無作為に電話番号を作成することを通じて対象者を選ぶこともある．最終的には，無作為抽出を通じて数百名から数千人の調査対象者が含まれる標本を作成する．

　標本作成において無作為抽出を使うのは，母集団に対する標本の**代表性**(representativeness)を高めるためである．標本に含まれる調査対象者数が十分に多ければ，無作為抽出を通じて得られた標本の特徴は母集団全体の特徴と近似する．つまり，標本の代表性が高くなる．世論調査の最終的な目標は標本から得られた情報を使って母集団の特徴を推測することなので，標本の代表性が高ければ，そこから母集団についての正確な情報を得られる可能性が高まるのである．例えば，母集団における男女の比率が1：1なのであれば，標本でもその比率が維持されていることが望ましい．母集団の特徴は無数にあるので，無作為抽出に基づい

てある程度規模の大きな標本を作れば，標本のどの特徴をとってもそれが母集団の特徴と近似する可能性が高まる．

　逆に，無作為抽出が何らかの理由でうまくいかず特定の特徴を持つ有権者が標本に含まれない場合(例えば男性，若年，あるいは西日本に居住する調査対象者がほとんどいないなど)，標本は母集団の特徴をうまく代表しているとは言えない．また，標本に含まれる対象者に対して調査への参加を依頼する段階でもしばしば問題が生じる．参加を同意してくれた対象者からは情報を収集できるが，接触が叶わなかったり参加を拒否したりした対象者についてはその時点で調査が中止となる．政治に関心がない対象者は参加を拒否する可能性が高く，その場合には標本を使っても母集団に含まれる政治無関心層の意見や行動を捉えることができない．

　注意してほしいのは，一部の例外を除いて，「無作為抽出」と「無作為割り当て」は異なる目的を持つ手続きであるという点である．一般に，無作為抽出は母集団から無作為に調査対象を選ぶことを通じて代表性のある標本を作成する手続きであり，無作為割り当ては手元の標本に含まれる調査対象者やグループを介入群と対照群に，あらかじめ定められてた手続きに即して無作為に分割する手続きである．次節で紹介する研究例では，無作為抽出を通じた標本作成と無作為割り当てが同時に行われており，珍しいケースであると言える．

2　回答方式が回答傾向に与えた因果効果の推定

　回答方式が社会的望ましさバイアスに与える影響を調べるために，2007 年 7 月の参院選前後に実施された早稲田 GLOPE 世論調査プロジェクトデータを使用する(日野・田中(編) 2013)．この調査(以下では 2007 年調査と呼ぶ)では面接方式として CASI 方式と PAPI 方式が採用され，各方式のための標本がそれぞれ独立に無作為に抽

出された．CASI 方式調査と PAPI 方式調査の違いは回答方法のみであり，標本の抽出，質問内容，実施時期などはすべて同じ設計に基づいている．なお，2007 年調査からのデータを使って調査モードと社会的望ましさバイアスの関係を調査した研究として西澤・栗山(2010)と飯田(2013)があるので，これらの研究を参考にしながら無作為化実験における無作為割り当てやデータ分析の手続きを紹介していく．

まず介入変数である面接方式の無作為割り当ての手続きについて説明する．2007 年調査では無作為抽出を通じて独立した 2 つの標本が作成された．母集団からの標本の抽出には層化二段無作為抽出という方法が用いられ，第一段階では地域や自治体規模を考慮した上で，115 の地点(町丁目)を抽出している．第二段階では選挙人名簿や住民基本台帳を使って各地点に居住する有権者を事前に割り当てられた数だけ抽出している(日野・西澤・河野 2013)．標本の無作為抽出は CASI 方式の面接対象者と PAPI 方式の面接対象者で別々に実施されたため，この時点で面接方式の無作為割り当ても完了している．

調査の流れを図 4.1 にまとめた．まず無作為抽出を使って母集団から標本が作成された(図中の 1)．次に各標本に含まれる対象者に対して調査への参加依頼が行われ，参加に同意した対象者には選挙前(事前)調査が実施された(2)．後述するように，対象者の約半数が事前調査に参加しなかったことから，参院選後(事後)調査前に各標本に調査対象者が追加され(3)，これらの新規対象者と事前調査の回答者のうち参加に同意した人たちに対して事後調査が実施された(4)．

図 4.1 の事前調査での 1 が示すように，事前調査では介入群で

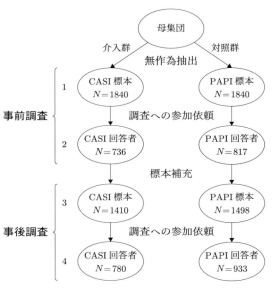

図 4.1 2007 年の早稲田 GLOPE 世論調査の流れ

ある CASI 方式標本と対照群である PAPI 方式標本で設定された
調査対象者数は 1840 であった．各標本に含まれる調査対象者の
数が十分に大きいことから，母集団に対して代表性の高い標本が
2 つ作成されている可能性が高く，よって CASI 方式標本と PAPI
方式標本に含まれる対象者の平均的な特徴もほぼ等しいことが推測
される．つまり，CASI 方式標本と PAPI 方式標本の平均的な特徴
はそれぞれ母集団の特徴と近似しているため，CASI 標本と PAPI
標本の平均的特徴も近似していることが想定できるのである．

標本作成の時点 1 では介入群と対照群の性質が近似していても，

調査の実施時点 2 においてそれら 2 つの群の性質が似通っている
とは限らない．というのも，調査への参加の有無は調査対象者の任
意によって決まるため，調査参加を拒否する人たちがいるからであ
る．事前調査では，CASI 標本 1840 名のうち実際に回答してくれ
た回答者数は 736 名で，PAPI 標本 1840 名のうち実際に回答して
くれた PAPI 回答者は 817 名であった．回答者数を標本内の対象
者数で割った回答率は各年の各標本とも 40% から 45% ほどであ
り，半数強の調査対象者が参加を拒否するか参加できなかったこと
を意味している．もし各標本の調査対象者全員が調査への参加を同
意してくれたのであれば，「CASI 方式回答者と PAPI 方式回答者
の平均的特徴は近似している」という想定は引き続き有効である．
しかし実際に調査に参加したのは標本内の半数の対象者のみなの
で，この時点では 2 つのグループの回答者の平均的特徴が近似し
ているかはわからない．よって，誰が参加に同意したのかを検討す
る必要が生じる．これは自己選択バイアスの原因を探ることに他な
らない．

　調査参加に関する自己選択バイアスが生じる原因として，ここで
は調査対象者の年齢の影響を考えてみよう．若い調査対象者の多く
はパソコン操作に慣れており，CASI 方式による調査であることを
知らされても抵抗感を持つことなく調査に参加する可能性が高い．
一方で高齢の対象者の多くはパソコン操作に不慣れで，CASI 方式
の調査に抵抗感を示すかもしれない．この場合，年齢が高くなる
と，PAPI 方式と比べて，CASI 方式調査への参加確率が低くなる
という自己選択バイアスが生じてしまう．これを無作為割り当ての
遵守(compliance)が完全に達成できていない状況だと呼ぶ．したが
って，年齢に関しては CASI 回答者と PAPI 回答者の特徴が近似

しているという仮定の妥当性が失われる[1].

　そこで，介入群である CASI 標本と対照群である PAPI 標本に含まれる回答者の観察可能な属性について，バランスチェックを行うことが重要になる．CASI 方式への抵抗感と関連しそうな変数，例えば年齢，教育程度，普段のコンピュータの使用頻度などについて介入群と対照群の性質に大きな違いがないのであれば，観察が不可能な属性(例えばどれだけ匿名性を重視するのかなど)も含めて両群の平均的性質はある程度は近似していると見なすことができる．もし何らかの属性について介入群と対照群の性質に違いがあることがわかった場合には，その違いを考慮した上で因果効果を推定することが必要となる．

　表 4.1 は PAPI 回答者と CASI 回答者それぞれに占める女性，各年代，大卒，そしてインターネット利用なしの比率をまとめている．もし自己選択バイアスが大きくないのであれば，対照群と介入群に占める回答者の女性比率や年代比率などはほぼ同じになるはずである．しかし，表 4.1 の各行を見ると，対照群と介入群では属性に差があることがわかる．例えば，PAPI 回答者の女性比率は約 56% で，CASI 回答者の女性比率は約 48% となっている．PAPI 回答者に比べて，CASI 回答者では 8% ポイントほど女性が少なくなっており，CASI 方式に対する抵抗感が女性のほうで大きいことを示唆している．

　加えて，PAPI 回答者に比べて CASI 回答者では 20 歳から 39 歳

---

1)　この問題に加えて，回答方式とは関係なくそもそも世論調査への参加に積極的な人と消極的な人の違いも重要である．母集団には各タイプの人々が存在するが，世論調査から得られる情報は前者の人々のものになる可能性が高いからである．この場合，母集団に対する標本の代表性も低下する．

表 4.1　PAPI 回答者と CASI
回答者のバランスチェック

属　　性	PAPI	CASI
女　性	56.48	48.21
年齢 20-39 歳	21.97	26.79
年齢 40-64 歳	47.48	40.51
年齢 65 歳以上	30.01	30.77
大卒以上	19.94	22.18
インターネット 利用なし	57.13	47.95

注：2007 年早稲田 GLOPE 世論調査
データに基づく.

の回答者が 5% ポイントほど多く，大卒以上の回答者が約 2% ポイント多い．最後に，「あなたがコンピュータや携帯電話を用いてインターネットをお使いになる時間は，平均すると，1 日にどれくらいですか」という質問に対して「使わない」と答えた回答者の比率を比べた場合，CASI 標本ではその比率が 9% ポイントほど低い．つまり，普段からパソコンやスマホを通じてインターネットを利用していない対象者ほど CASI 方式の調査に参加していなかったことがわかる．これらの結果は，PAPI 回答者と CASI 回答者には無視できない違いがあることを示唆しており，介入変数の無作為割り当てが回答の開始時点では完全には成功していないことがわかる．よって，回答方式の因果効果を推定する際には，介入群と対照群の属性の違いを考慮することが重要になる．

　次に，結果変数の測定方法を説明する．この分析では投票参加や投票外参加に関するこれまでの参加経験に関する質問への回答を利用する．質問文は「次にあげるようなことを，これまでにしたこ

表 4.2　政治参加の形態

	経験あり（％）
選挙で投票する	95.39
選挙に立候補する	1.40
選挙運動を手伝う	31.29
候補者や政党への投票を知人に依頼する	25.63
政治家の後援会員となる	26.74
政党の党員となる	10.27
政党の活動を支援する（献金・党の機関紙の購読）	15.65
政党や政治家の集会に行く	39.05
国や地方の議員に手紙を書いたり，電話をする	7.94
役所に相談する	25.86
請願書に署名する	51.20
住民投票で投票する	17.40
デモや集会に参加する	19.67
地域のボランティア活動や住民運動に参加する	52.31
自治会活動に積極的に関わる	55.58
「パブリックコメント」で意見を提出する	9.11

注：2007 年早稲田 GLOPE 世論調査データに基づく．各数値は全体に占める「何度かある」と「1〜2 回ある」と答えた回答者の割合を意味する．

とがありますか．次にあげる活動について，あてはまるものをお選びください」である．対象となる活動は表 4.2 にまとめている．合計 16 の参加形態が含まれている．回答者はこれらの活動に参加したことが「何度かある」，「1〜2 回ある」，「1 度もない」の選択肢から 1 つを選んだ．以下の分析では「何度かある」と「1〜2 回ある」をまとめて「経験あり」，「一度もない」を「経験なし」と定義する．PAPI 方式ではごく少数の対象者が「わからない」や「答

えたくない」という回答を選んでいるので，これらの回答者は分析から除外した．

　回答方式が結果変数に与える因果効果を調べるために，まずは各参加形態について「経験あり」と答えた介入群回答者と対照群回答者の割合を計算した．もし PAPI 方式に比べて匿名性の高い CASI 方式で社会的望ましさバイアスの影響が減るのであれば，選挙で投票したことがあると答えた回答者の割合は CASI 方式のほうが低いはずである（過大申告仮説）．よって，CASI 回答者と PAPI 回答者の割合の差を求めると，その差は負の値をとるはずである．一方で，西澤・栗山(2010)が論じるように，投票以外の参加形態については経験があると答えた回答者の割合が匿名性の高い CASI 方式のほうで高くなるはずである（過少申告仮説）．よって，CASI 回答者と PAPI 回答者の割合の差を求めると，その差は正の値をとるはずである．

　回答方式別に「経験あり」と答えた割合の差を図 4.2 にまとめた．横軸の 0 に位置する縦線は CASI 方式と PAPI 方式で割合に差がないことを意味する基準線である．PAPI 方式と比較して，CASI 方式において経験ありと答えた回答者の割合が大きければ差の値を意味する黒丸は 0 より右側に位置する．一方，CASI 方式で経験ありと答えた回答者の割合が小さければ黒丸は 0 よりも左側に位置することになる．まず縦軸の一番上は投票参加に関する結果を示しており，差の値が約 −7% ポイントと負の値をとっている．よって，回答方式が PAPI から CASI に変化すると，「投票参加した経験がある」と答えた回答者の割合が減少することがわかる．つまり，投票参加経験を申告する際，PAPI 方式では過大申告が起きていることを意味している．

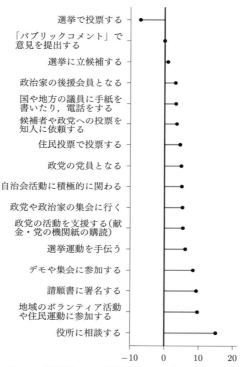

選挙で投票する

「パブリックコメント」で
意見を提出する

選挙に立候補する

政治家の後援会員となる

国や地方の議員に手紙を
書いたり，電話をする

候補者や政党への投票を
知人に依頼する

住民投票で投票する

政党の党員となる

自治会活動に積極的に関わる

政党や政治家の集会に行く

政党の活動を支援する(献
金・党の機関紙の購読)

選挙運動を手伝う

デモや集会に参加する

請願書に署名する

地域のボランティア活動
や住民運動に参加する

役所に相談する

−10   0   10   20

注：2007 年早稲田 GLOPE 世論調査データに基づく.

図 4.2　回答方式と政治参加

　他の参加形態については，パブリックコメントを除いて差がすべ
て 0 より右側に位置している．例えば，最も差が大きい形態であ
る「役所に相談する」では，回答方式が PAPI から CASI に変わ
ると「経験がある」と答えた割合が約 15% ポイント増える．PAPI
で過少申告が起こっており，匿名性の高い CASI では経験がある

と正直に答える割合が増えていると考えられる．他の参加形態では PAPI 方式において 3% ポイントから 10% ポイントほど過少申告が起きている可能性がある．

図 4.2 では，面接方式の無作為割り当てが成功しているという仮定のもとで，CASI 方式と PAPI 方式の回答者の参加経験の割合のナイーブな比較を行っている．つまり，自己選択バイアスがないという想定のもとで分析を進めてきたのである．しかし表 4.1 が示しているように，いくつかの属性について，介入群と対照群で小さくない差が見られる．これらの属性変数は介入群や対照群への自発的参加だけでなく，政治参加経験にも影響を及ぼしている可能性があり，自己選択バイアスの原因となっているかもしれない．そこで介入群と対照群の間の属性の違いを取り除いた上で因果効果を推定することが必要となる．そこで，回帰分析を通じて観察可能な属性変数の影響を取り除いた上で，因果効果の推定を試みる．

図 4.3 では回答方式と参加経験の関係についての分析結果を示している．回帰分析を用いて，回答方式が PAPI 方式から CASI 方式に変わると各形態への参加経験があると答える確率がどれだけ変化するのかを推定した．図中のグレーの三角は属性変数の影響を統制せずに回答方式が回答に与える効果を推定したときの結果を示している．一方で黒丸は性別，年齢，大卒以上かどうか，世帯収入，インターネット利用の有無といった属性変数の影響を統制してから回答方式が回答に与える効果を推定したときの結果を示している．自己選択バイアスの影響が想定されるのであれば，交絡変数を含めないときと含むときの推定結果を比較することが大切になる．属性変数を追加したときの回帰式は

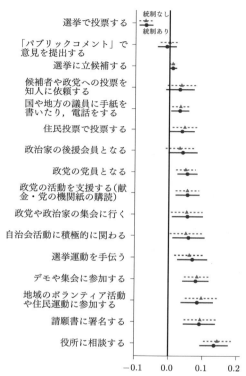

注：2007 年早稲田 GLOPE 世論調査データに基づく.

図 4.3 統制なしと統制ありでの結果の比較

$$participation_i$$

$$= \beta_0 + \beta_1 CASI_i + \beta_2 female_i + \beta_3 age1_i + \beta_4 age2_i + \beta_5 college_i$$

$$+ \beta_6 income1_i + \beta_7 income2_i + \beta_8 income3_i + \beta_9 internet_i + u_i$$

である．$participation_i$ は参加経験を示すダミー変数(あれば 1，なければ 0)である．$CASI_i$ は CASI 回答者であれば 1，PAPI 回答者であれば 0 をとる．右辺の残りのダミー変数は，女性($female_i$)かどうか，40-64 歳($age1_i$)かどうか，65 歳以上($age2_i$)かどうか，大卒以上($college_i$)かどうか，世帯収入が中レベル($income1_i$)かどうか，世帯収入が高レベル($income2_i$)かどうか，収入を答えなかった($income3_i$)かどうか，インターネットを利用していない($internet_i$)かどうか，を意味する．また，u_i は誤差項を意味する．図 4.3 の黒丸の推定値はこれらの属性変数の影響を統制しているが，図中では面接方式の因果効果の推定値のみを示し属性変数の推定値は見せていない．

　図の解釈の方法を簡単に説明しておきたい．まず，グレー三角や黒丸の周辺にある横線は 95% 信頼区間を意味する．信頼区間が 0 の値から離れている場合，得られた推定値が統計的に有意であると言う．「有意」とは得られた推定値が 0 と異なる可能性が高いという意味だと理解してほしい．例えば，図 4.3 の上部の結果を見ると，「パブリックコメント」で意見を提出したことがあるかどうかについての調査方式の推定値の信頼区間は 0 をまたいでいる．これは，推定値は統計的に有意ではない，つまり回答方式が回答傾向に与える影響が 0 である可能性を示している．次に，交絡変数を統制しているときの推定値(グレー三角)と統制していないときの推定値(黒丸)の比較であるが，推定値やその信頼区間の位置が大きく離れていれば，交絡変数の影響を統制することで結果が変化したことを意味する．逆に，推定値やその信頼区間が同じような場所に位置するのであれば，結果は似通っていると考えていい．

　属性変数の影響を統制せずに推定した結果は図 4.2 に示した結

果と同一である．投票経験の場合，図 4.2 では CASI 回答者と
PAPI 回答者の差が -7.07% ポイントであり，図 4.3 での回帰分
析による介入変数である CASI 方式の係数 β_1 の推定値は -0.0707
である．回帰分析からの係数値に 100 をかけると図 4.2 の結果と
同じになることがわかる．図 4.3 ではすべての参加形態について，
属性変数の影響を統制しないときと統制するときで介入変数の推
定効果がほとんど変化しないことが示されている．匿名性の高い
CASI 方式では投票参加経験があると申告する確率が減るし，一方
で政党や候補者への支援，デモ・集会・住民運動などへの参加，そ
して役所への相談経験があると申告する確率が増える．

　まとめると，いずれの分析結果も，PAPI 方式に比べて CASI 方
式では投票参加経験を申告する回答者が減ること，投票以外の参加
経験を申告する回答者が増えることを示している．自己選択バイア
スの影響は大きくないと想定できるが，他の属性変数や観察不能な
変数の影響を考慮できているわけではないことに注意が必要であ
る．

3　応用例 1：サーベイ実験

　前節で紹介した無作為化実験では無作為割り当てと無作為抽出が
同時に行われていた．一方，多くの無作為化実験では手元にある標
本を対象として無作為割り当てが行われることが多い．その一例と
して，**サーベイ実験**(survey experiment)の仕組みとその研究例を紹
介する．サーベイ実験では，ウェブ上での自己回答式世論調査を通
じて無作為化実験を行うことが多い．ウェブ上でのサーベイ実験で
は無作為抽出に基づく標本が使われることは稀であり，企業が保有

するオンラインパネルと呼ばれるインターネットユーザーの集団から調査対象者を選んで調査を実施することが多い．対象者を選ぶ際には，母集団での属性の分布を反映させるように(例えば男女比が1：1になるように)標本を抽出する．各ユーザーは自発的にオンラインパネルのメンバーとなることを了承しており，またコンピュータやスマートフォンの操作に慣れていると考えられることから，オンラインパネルに基づく標本が日本全国の有権者の平均的な性質を代表しているとは限らないことに注意が必要である．

　オンラインパネルを使ったサーベイ実験では，調査対象者を何らかの情報を与える介入群とそれらを与えない対照群とに無作為に割り当て，その情報と関連すると思われる政策選好などを介入群と対照群で比較することが多い．調査対象者は無作為かつ強制的に介入群か対照群に割り当てられるので，調査対象者の属性と介入変数の状態が関連することはないはずである．何らかの理由で介入群か対照群のどちらかに属する調査対象者の多くが調査途中で回答を打ち切ってしまったりしない限り，自己選択バイアスが生じる余地はほとんどないと言っていい．

　サーベイ実験をつかった研究例として，直井と久米の研究を紹介する(Naoi and Kume 2015)．直井と久米は，国が貿易自由化をより進めていくべきかを考えるとき，特に収入の低い有権者は相反する2つの要素を考慮に入れて検討を行うと論じている．一つは生産者・労働者としての立場であり，貿易自由化が進めば生産コストの低い海外で作られた低価格の製品が自国に流入することになり，それによって同様の製品の生産に関わる自分の雇用や収入が危うくなるかもしれない．もう一つは消費者としての立場であり，貿易自由化が進めば海外からの低価格の製品を購入することができるよう

になるので，生活必需品のコストなどが今までよりも低くなるかも
しれない．直井と久米は，収入の低い有権者の場合，これら相反す
る 2 つの要素のうちどちらにより重きをおいて態度を決めている
のかを調べようとした．

　直井と久米が設計したサーベイ実験には日本在住の 1200 名の調
査対象者が参加した．調査対象者は 2008 年時点で 250 万人のユー
ザーが含まれる Yahoo! Japan のオンラインパネルのメンバーで，
対象者の性別，年齢，収入，居住都道府県の比率が人口構成と近似
するように選ばれた．1200 名の対象者は，生産者介入群，消費者
介入群，そして対照群の 3 グループに均等かつ無作為に分割され
た．生産者介入群の対象者にはサービス業，製造業，農業に携わっ
ている人の写真を提示し，生産者としての立場を思い起こさせるよ
うな介入が行われた．消費者介入群の対象者には，スーパーマー
ケットの食料品売場，衣料店，家電量販店の店内の写真を提示し，消
費者としての立場を喚起させるような介入が行われた．対照群の
対象者にはこのような写真の提示は行われていない．結果変数と
して，「近年になり，外国からの輸入が増えています．このことに
ついて，あなたのご意見をお聞かせください」という質問に対する
回答を使っている．調査対象者は「大変良いこと」から「大変悪い
こと」の 5 段階の尺度で回答を選んでおり，そこから「良い」「悪
い」「中立」の 3 グループを作っている．

　直井と久米の分析によると生産者介入群の 6.4% の回答者，対照
群の 10.3% の回答者，そして消費者介入群の 19.0% の回答者が輸
入が良いことだと答えている．対照群と比較して，輸入が良いこと
だと答えた割合は生産者介入群で約 4% ポイント低く，消費者介
入群で約 9% ポイント高い．生産者としてのイメージが喚起され

れば輸入に消極的に，消費者としてのイメージが喚起されれば輸入
に好意的になることがわかる．ただ因果効果には大きな差があり，
消費者としてのイメージが喚起されるとより多くの調査対象者が輸
入に好意的になっている．直井と久米は追加分析で，消費者介入の
効果は低収入の調査対象者で最も大きかったことも示している．

　Tomz（2007）も有権者を対象としたサーベイ実験を行い，国家間
の紛争を抑止する要因の一つとして**観衆費用**（audience cost）の役割
を分析した．観衆費用は以下のように定義される．ある2つの民
主国家AとBの間には領土問題や貿易問題といった利害対立があ
るとする[2]．この対立を解決するために，A国の政府がB国の政
府に対して「譲歩しなければ武力攻撃をする」という脅しをかけた
とする．このとき，B国にはA国の要求を飲んで妥協するか，あ
るいはそれを突っぱねるという選択肢がある．B国の反応に対し，
A国は最初に示した脅しに基づいて武力攻撃するか，あるいは脅
しを引っ込めることができる．ここで，B国がA国の脅しを突っ
ぱねたとしよう．このときA国の政府は武力紛争を始めるか脅し
を引っ込めるかの選択を迫られる．A国の政府にとってどちらを
選ぶかを決めるのは難しい．というのも，武力紛争には重大なコス
トが伴うし，一方で武力紛争を避けるために脅しを引っ込めれば，
A国内の有権者がA国政府を弱腰と見なして政府を批判するかも
しれないからである．A国の政府がB国に対する脅しを引っ込め
ることで有権者からの支持を失うというダメージを観衆費用と呼
ぶ．

　ここで焦点となっている因果関係は「政府が脅しを引っ込める→

　2）　ここでの説明は浅古（2018）の12章を参考にしている．

政府に対する有権者の支持低下」であるが，これが実際に存在するのかを示すのは難しい．そもそも政府が他国に対して脅しをかけるかどうかは政府の自己選択に基づいて決定されるので，脅しを実行した状況とそうしなかった状況にはいろいろな違いがあるだろう．例えば，政府に対する有権者の支持率が低い状況では，支持を追加で失うことを恐れて政府はそもそも他国との問題の解決に乗り出したり，実行が難しそうな脅しをかけたりするのを控えるかもしれない．つまり，そもそも支持率が高い状況で政府が脅しをかける可能性が高い，という逆の因果関係が存在するかもしれないのである．

　Tomz のサーベイ実験では，隣国との架空の紛争における自国政府の対応の違いを無作為に被験者に割り当てることを通じて，政府の対応の違いが被験者の政府支持度にどのような影響を与えたかを調べている．具体的には，サーベイ実験の半数の被験者は隣国の紛争に対して政府が何も関与しない状況(対照群)，もう半数の被験者は隣国での紛争が続くときに政府は軍隊を送ると言ったにもかかわらず実際には何もしなかった状況(介入群)に割り当てられた．介入群と対照群の比較を通じて，介入群のほうが政府への支持度が低くなることが示されている．

　このエビデンスは民主国家間の関係を考える上で重要な示唆をもたらす．民主国家では政府が選挙を通じて選ばれるので観衆費用が高くなる．よって，対立を抱える相手国に対して威嚇を行った場合には，観衆費用を避けるためにその脅しを実行する可能性が高い．相手国はそれを知っているので，対立をエスカレートさせないような対応をとるようになる．また，観衆費用や紛争コストを嫌う民主国家はそもそも相手国を威嚇するという行動を慎む可能性も高いのである．

4　応用例2：フィールド実験

　無作為化実験のもう一つの応用例が**フィールド実験**である．フィールド実験では現実の選挙過程や立法過程における有権者や政治家の行動を分析対象とする．調査対象者に対して無作為に何らかの情報などを与えたあとに，調査対象者が取った実際の行動を観察する手法である．無作為割り当てを用いるため自己選択バイアスが最小化され，結果として内的妥当性が高いエビデンスを生み出せる．さらに，現実の政治過程を考慮して介入変数を設計し，また有権者や政治家が実際に選んだ行動を結果変数として用いるため，エビデンスの外的妥当性も高まる．よって，因果推論だけでなく政策設計も見据えた研究には理想的な手法であると言える．

　以下では，有権者を対象としたフィールド実験の有名な例として，Gerber and Green (2000)の研究を紹介する．Gerberと Greenが取り組んできたのは「啓発活動は投票率を高めるのか」というリサーチクエッションである．民主社会に住む有権者にとって，選挙における投票参加は政治的決定に関与するための最も基本的な手段である．しかし多くの国では投票率は必ずしも高いわけではなく，また前述のように日本では投票率は低下傾向にある．どうすれば有権者の投票参加を促すことができるのかは政府や研究者にとって重要な課題となってきた．投票率向上の有効な手段として考えられてきたのは，行政や政党からの啓発活動などを通じた働きかけである．そこで，戸別訪問(日本の公職選挙法では禁止されている)，電話，はがきの送付を通じて投票参加を促すようなメッセージを伝えるための個別接触を行った場合に有権者の投票率が向上するのかを調べ

ている.

　Gerber と Green が初めて実施したフィールド実験では，米国コ
ネティカット州のニューヘブンのおよそ 3 万人の有権者が対象と
なった．無作為抽出を通じて選ばれた介入群の対象者には選挙が実
施される前に戸別訪問，電話，はがきの 3 種類のうちどれかの接
触方法を通じて個別接触を行い投票参加を促すようなメッセージを
伝えた．一方，対照群の対象者にはこのような個別接触は行わなか
った．はがきの送付回数は最大 3 回となっており，またはがきの
文面として「投票は義務である」や「選挙が迫っています」など複
数の種類が用いられ，文面の内容そのものが投票参加に影響を及ぼ
す可能性も検証されている．選挙の終了後に自治体が保有する個人
の投票記録を使って，群ごとに平均投票率を計算しその差を比較し
ている．分析結果から，対照群に比べて，戸別訪問を受けた介入群
の投票率は 10% ポイント高いこと，またはがきを 1 枚受け取った
介入群の投票率は 0.6% ポイント高いことがわかった．

　Butler and Broockman (2011)は政治家を対象として，政治家は
どのタイプの有権者の要望に積極的に答えようとするかを明らかに
するためのフィールド実験を行った．有権者のタイプとして考慮さ
れているのは人種で，有権者が黒人か白人かで政治家が要望を実現
しようとする可能性が変化するのかを調べようとしている．もし黒
人に対する差別があるのであれば，黒人有権者の要望に対する政治
家の反応が鈍くなるはずである．実験では，2008 年時点の米国 44
州の州議会議員約 5000 人を対象として，投票人登録の手続きに関
する情報を求める E メールが各議員に送付された．アメリカの多
くの州では選挙で投票するためには事前に自分を有権者として登
録しておく必要があり，州によってはその手続きが煩雑なこともあ

る．そこで，E メールを通じて手続きの手助けを求めた場合に，政治家がその求めに応じて情報を返送してくれるかどうかを測定している．介入変数は E メール内で明示される有権者の名前で，介入群では黒人と推測される名前が，対照群では白人と推測される名前が使われている．また有権者が民主党支持者か共和党支持者を政治家が推測できるような情報が記されている．

実験の結果によると，E メールに対する政治家の返答率は約 56 ％ であった．白人と推測できる有権者名を使った対照群と比べて，黒人と推測できる有権者名を使った介入群では返答率が約 5％ ポイント低かった．この結果は党派性の影響ではなく，政治家の人種によって説明できる．白人の民主党議員や共和党議員は黒人有権者に返答する確率が約 7％ ポイント低い．一方で黒人を含むマイノリティの政治家は白人有権者よりも黒人有権者に返答する確率が約 16.5％ ポイント高いのである．黒人有権者は民主党支持率が高いが，民主党議員は必ずしも黒人有権者への応答性が高いわけではなく，有権者の人種によって対応が変わるのである．よって，民主党内のマイノリティ議員を増やすことが応答性の確保に必要なこと，つまり記述的代表(descriptive representation)が重要であることを Butler と Broockman のフィールド実験は示唆している．

第5章

....

偶然の割り当てを利用
する比較：自然実験

　この章では，前章のような人為的な無作為割り当てではなく，人間が操作できない外部の力による偶然の割り当てを利用する**自然実験**(natural experiment)の仕組みを紹介する．もし個人や集団が外部の力によってたまたま介入群や対照群に割り当てられるような状況が発生したのであれば，自己選択バイアスが発生する余地がない．よって，介入群と対照群の平均的な特徴は大きく異ならないはずである．無作為化実験のようにあらかじめ定められた手続きに従い人為的に無作為化を行うのではなく，自然環境や社会環境が作り出した偶然性による割り当てを利用するので，「自然」実験という呼び方をする．「選挙当日の悪天候は投票率を低下させるのか」という疑問を例として使いながら，偶然性に基づく割り当てとは何を意味するのかを説明する．同時に，この章では回帰分析の基礎を解説する．以下では人間の操作が及ばない天候に注目するが，例えば個人や集団の行動の積み重ねが偶然性を生み出す状況や，個人の意思とは関わりなく偶然に介入状態が決まるような状況も含めて自然実験

　この章の議論と分析の一部は Kitamura and Matsubayashi (2021) に基づいている．

と見なす.

1　投票コストと投票参加

　なぜ有権者は投票に行ったり行かなかったりするのだろうか. その理由の一つとして考えられるのが投票に伴うコストの負担である. 選挙での投票は自分にとって望ましい議員や政治家を選ぶための重要な機会であるが, その一方で投票の機会を活用しようと思うとやるべきことがいくつもある. 特定の政党を支持していないのであれば, どの候補者や政党に投票するのかを決めるために情報収集が不可欠である. 期日前投票期間を含めてどのタイミングで投票に行くかを他の予定も考慮しながら前もって考えておくことも大切だし, 投票所に行くための時間や労力も必要になる. 投票に使う時間で他の用事を済ませたり, 遊びに出かけたりすることもできるかもしれない. つまり, 投票参加にはコストが発生し, そのコストの大小によって有権者は投票に行くかどうかを決めていると考えられる. 2章では日本の選挙の投票率が低下傾向にあることを述べたが, その理由の一つとして候補者や政党を選ぶコストが増えているのではないかということを論じた.

　投票コストの大きさは有権者の属性や環境によって異なる. 有権者の属性として重要だと言われているのが教育程度である. 教育程度が高い有権者ほど普段から政治に関心を持っていて, 政党や重要な政策について知識を蓄えている可能性が高い. そのため選挙の直前に政党や候補者について急いで情報収集を集める必要がなく, 投票先を比較的簡単に決めることができるだろう. また投票制度や投票時間など投票方法の詳細についてもよくわかっているので, 投票

の機会を逃す可能性も低い．よって，教育程度の高い有権者ほど投票コストが低くなるので，投票に参加する可能性が高まる．

　有権者を取り巻く投票環境もコストの大きさを左右する．日本では 2003 年に公職選挙法が改正され，選挙当日以前にも気軽に投票することを可能にする期日前投票制度が導入された．この制度によって，日曜日に投票に行くことが難しい人たち，例えば日曜日に仕事があったり用事がある人たちの投票コストが下がった可能性がある．また投票所が自宅近くにあれば移動と時間のコストが低くなって投票に行きやすくなるし，投票所が遠くなれば逆のことが起きるだろう．

　投票期間中の天候も投票コストに影響を及ぼす重要な環境要因である．一般に，悪天候の中では商業地や行楽地に出かける人が減る．多くの人は濡れるのを嫌がるし，傘をさしてまで出かけようと思わないからだろう．投票についても同じことが起きても不思議はない．雨が降っていれば「濡れてまでわざわざ投票所まで行きたくないな」と考える有権者は増えるだろうし，特にもともと投票に行こうかどうかを迷っている有権者は悪天候を追加のコストだと感じる可能性が高い．よって，悪天候の場合には投票率が低下すると予想できる．では，有権者は悪天候による投票コストの増加にどれぐらい敏感に反応するのだろうか．雨がかなり降った介入群の地域と，雨がほとんど降らなかった対照群の地域では，投票率がどれぐらい異なるのだろうか．

　もし選挙当日の天候や降雨量が政治家や有権者のコントロールが及ばないメカニズムで地域ごとに偶然に決まっているのであれば，自己選択バイアスが発生しないので，降雨量の多かった介入群の地域と降雨量が少なかった対照群の地域を比較することで降雨量が投

票率に及ぼす因果効果を明らかにできる．以下では投票日の降雨量が偶然に決まっているかどうかを詳しく検討する．

2　自然実験と回帰分析の仕組み

　衆院選の選挙当日における降雨量と投票率の関係を考えてみよう．介入変数である降雨量と結果変数である投票率は市区町村別に記録されたとする．降雨量はミリメータ(mm)を単位とし，選挙当日の投票時間である7時から20時の間の総雨量を用いるとしよう．投票率は各市区町村の選挙当日の投票者数を選挙当日の有権者数で割って100をかけて求める．この節では説明のための例として，大阪府の72の市区町村を含むクロスセクショナルデータを使って議論を進めていく．

　降雨量は1 mm単位で連続的に変化する変数であるが，まずここでは降雨量が多かったとき(例えば20 mm以上)と少なかったときの投票率を考えてみる．降雨量の違いが投票率 Y_i に与える因果効果を次のように定義しよう[1]．

$$\tau = Y_i(1) - Y_i(0) \tag{5.1}$$

1と0はそれぞれ降雨量が多かったときと少なかったときを意味し，i は各市区町村を指す．さらに，介入変数を D_i とし，$D_i = 1$ であれば i が介入群に，そして $D_i = 0$ であれば i が対照群に属するとする．これらの定義を用いて介入群と対照群の投票率を比較すると

---

1)　ここでは因果効果が全市区町村で一定であると仮定している．

$$E[Y_i|D_i = 1] - E[Y_i|D_i = 0] = \tau + E[u_i|D_i = 1] - E[u_i|D_i = 0] \tag{5.2}$$

と示せる．u_i は降雨量以外の要因による投票率の違いを意味する．式(5.2)を導出する過程はコラムを見てほしい．この式が式(5.1)で定義した因果効果 τ と等しくなる条件は $E[u_i|D_i = 1] - E[u_i|D_i = 0]$ がゼロになることである．$E[u_i|D_i = 1] - E[u_i|D_i = 0]$ は2章の式(2.3)で示した自己選択バイアスと同じ意味を持つ．u_i は投票率に影響を及ぼしそうな社会経済的属性や政治的属性を含む．例えば，市区町村の大卒有権者比率は投票率に正の影響を与える可能性が高いが，このような社会経済的属性が投票率に与える影響が u_i に反映されている．もし介入群と対照群において社会経済的属性や投票率に影響を与えそうな他の特徴が似通っているのであれば $E[u_i|D_i = 1] - E[u_i|D_i = 0]$ はゼロとなり，$E[Y_i|D_i = 1] - E[Y_i|D_i = 0]$ を求めることにより因果効果 τ を明らかにすることができる．この因果効果 τ は平均因果効果 ATE である．

●**式(5.2)の導出**　投票率 Y_i を潜在的結果を用いて表すと

$$Y_i = \begin{cases} Y_i(1) & \text{if } D_i = 1 \\ Y_i(0) & \text{if } D_i = 0 \end{cases} \tag{5.3}$$

$$= D_i Y_i(1) + (1 - D_i) Y_i(0) \tag{5.4}$$

$$= D_i Y_i(1) + Y_i(0) - D_i Y_i(0)$$

$$= Y_i(0) + D_i(Y_i(1) - Y_i(0))$$

$$= Y_i(0) + \tau D_i \tag{5.5}$$

となる．式(5.3)は介入状態別に観察される結果を示しており，式(5.4)

は式(5.3)を 1 つの式でまとめた表現である．式(5.5)は式(5.1)を使っている．

さらに，対照群における平均投票率を加味して式(5.5)を以下のように変形しよう．

$$Y_i = E[Y_i(0)] - E[Y_i(0)] + Y_i(0) + \tau D_i$$
$$= \alpha + \tau D_i + u_i \tag{5.6}$$

式(5.6)において $\alpha = E[Y_i(0)]$ で $u_i = Y_i(0) - E[Y_i(0)]$ である．α は降雨量が少なかったとき(つまり対照群)の平均投票率を意味している．u_i は降雨量以外の要因による投票率の違いを意味する．

介入状態による条件付き期待値を求めると

$$E[Y_i|D_i = 1] = \alpha + \tau + E[u_i|D_i = 1]$$
$$E[Y_i|D_i = 0] = \alpha + E[u_i|D_i = 0]$$

となる．2 つの条件付き期待値の差をとると

$$E[Y_i|D_i = 1] - E[Y_i|D_i = 0] = \tau + E[u_i|D_i = 1] - E[u_i|D_i = 0]$$

となり，式(5.2)を導ける．

　もし特定の社会経済的属性を持つ市区町村が選挙当日に雨が降るような状況を作り出したりすれば，自己選択バイアスが生じることになる．一方，選挙当日の降雨量は人間のコントロールの及ばないメカニズムに基づいて偶然に決まっているのであれば，無作為化実験と同じく自己選択バイアスがない状況で介入状態が各市区町村に割り当てられていると言える．その場合，介入群と対照群は平均的な特徴が似通っている，つまり $E[u_i|D_i = 1] - E[u_i|D_i = 0] = 0$ と言える．

　では，選挙当日の降雨量は人間のコントロールの及ばない偶然性の強いメカニズムで決まっているという仮定は現実的だろうか．無

作為化実験では無作為割り当てが人為的・機械的に行われていても，割り当てへの完全な遵守が達成されていないのであれば自己選択バイアスが発生する余地があることを4章で議論した．自然実験においても，本当に介入状態がほぼ偶然に割り当てられているのかを丁寧に検討することは重要である．

　例えば，選挙のタイミングは人為的に操作できるので，政府が特定の季節に雨の多い地域があることを見越して選挙期日を設定することは可能かもしれない．5月末から7月にかけての梅雨の時期は全国的に雨が多いが，梅雨の開始時期は地域ごとにずれがあり，西日本から関東地方にかけては梅雨入りのタイミングが早い．仮に政府与党が西日本では投票率を低くすることで自分たちの得票率を最大化できるが，東日本では投票率を高くすることで自分たちの得票が増えると考えているとしよう．そこで，政府与党は過去の梅雨入り時期を参考にして西日本の梅雨入り直後のタイミングを狙って衆院選を設定するかもしれない．この場合，もし選挙前に西日本で梅雨入りが起これば，西日本と東日本では選挙当日の降雨量に差が出やすくなる．特定の地域で雨が多い時期に選挙を実施するという自己選択バイアスが生じていれば，降雨量の多い介入群(つまり西日本)と少ない対照群(つまり東日本)のバランスが取れていない可能性が出てくる．

　ただし，この例は極端であり，実際にはこのような自己選択バイアスが生じる可能性は低い．梅雨入りの時期を狙うといっても，その時期は年ごとに変動するため正確に予想するのは難しい．西日本では梅雨入りしているが東日本ではまだという特定の期間に選挙を設定するのも難しいだろう．さらに，梅雨入りしているからといって選挙当日に雨が降るとは限らないし，その量も地域ごとにバラバ

ラになる可能性もある．選挙当日の降雨量を正確に予測することが困難であるという前提に立つのであれば，投票日のタイミングを操作してもあまり意味がなく，自己選択バイアスの可能性も低くなるだろう．ここでは極端な例を紹介したが，たとえ介入状態が偶然に割り当てられている可能性が高くても，自己選択バイアスの可能性が全くないのかを慎重に検討することが必要である．

　ここまでは介入変数 D_i は 0 か 1 をとるダミー変数であると見なして議論を進めてきたが，D_i をいかなる正の数値でもとれる連続変数としても因果効果を識別できる．降雨量を連続変数 X_i として式(5.6)を書き直すと

$$Y_i = \alpha + \beta X_i + u_i \tag{5.7}$$

となる．自己選択バイアスがないのであれば，投票率 Y_i に与える降雨量 X_i の因果効果は β となる．以下ではこの回帰式(regression equation)を使って β を推定する方法を紹介する．

　図 5.1 は降雨量 X_i と投票率 Y_i に基づいて各市区町村を 2 次元上に配置した散布図(scatter plot)である．散布図では横軸に介入変数を，縦軸に結果変数を配置するのが通例である．散布図内の黒点は大阪府内の 72 市区町村のいずれかを意味している．図 5.1 は降雨量が増加するにつれて投票率が減少するという負の関係があることが見て取れる．この負の関係を線形関数として示したのが図 5.1 の線形関数 1 である．この線形関数はすべての点を通過しているわけではないが，降雨量と投票率の関係をうまくまとめているように見える．

　図 5.1 で示されている線形関数 1 は以下のように表すことができる．

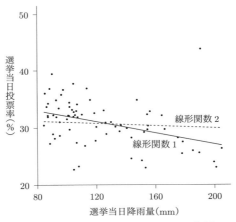

注：データは Kitamura and Matsubayashi (2021) に基づく.

図 5.1 降雨量と投票率の散布図

$$\hat{Y}_i = \hat{\alpha} + \hat{\beta} X_i \tag{5.8}$$

式 (5.8) の α, β, Y_i の上についている⌢(ハット)はそれらがデータから推定された値であることを示している. $\hat{\beta}$ は線形関数における傾きを意味し, 降雨量が 1 mm 増加したときの投票率の変化量を表す. $\hat{\alpha}$ は切片を意味し, 降雨量が 0 のときの平均投票率を表す. もし $\hat{\alpha}$ と $\hat{\beta}$ がわかれば, X_i の特定の値について投票率の予測値である $\hat{Y}_i$ を求めることができる. 図 5.1 の線形関数 1 は $\hat{\alpha}$ と $\hat{\beta}$ に基づいて, 降雨量が変化したときの投票率の予測値を示しているのである. 図 5.1 の線形関数 1 の切片は 37, 傾きは -0.05 なので, 例えば降雨量が 120 mm のときの $\hat{Y}_i$ は 31 となる.

　図 5.1 の線形関数 1 はデータが示す降雨量と投票率の関係をうまくまとめていて当てはまりが良いように見えるが，この線形関数が「最も当てはまりが良い」と言える根拠はあるのだろうか．図 5.1 では，破線で示された線形関数 2 も降雨量と投票率の関係をある程度はうまくまとめているように見える．では，線形関数 2 に比べて，線形関数 1 のほうが良いと判断する根拠はあるのだろうか．この根拠を明らかにするために，まず，Y_i と $\hat{Y}_i$ の差を意味する残差 (residuals) を

$$\hat{u}_i = Y_i - \hat{Y}_i \tag{5.9}$$

のように定義する．残差は降雨量の実際の観測値 Y_i と予測値 $\hat{Y}_i$ の差を意味する．図 5.2 では降雨量が 110 mm から 130 mm の市区町村に注目して残差を図示している．左部は図 5.1 の線形関数 1 に基づく各市区町村についての残差，そして右図は線形関数 2 に基づく残差を示している．各黒点は観測値 Y_i，各白点は予測値 $\hat{Y}_i$ である．そしてそれらの距離を灰色の線で示しており，それが残差を意味している．各残差を 2 乗してさらにすべて足し合わせたとしよう．この残差の 2 乗の総和である $\sum \hat{u}_i^2$ は線形関数 1 でも 2 でも計算可能である．この $\sum \hat{u}_i^2$ の大きさを選択の根拠として用い，$\sum \hat{u}_i^2$ が最小となるような線形関数が 2 変数の関係を最もうまくまとめている・最も当てはまりが良いと判断する．図 5.1 では線形関数 2 に比べて線形関数 1 の $\sum \hat{u}_i^2$ のほうが小さい．実は線形関数 1 は，他のいかなる線形関数と比べても $\sum \hat{u}_i^2$ を最小とするので，2 変数の関係を最もうまくまとめていると言えるのである．

　式 (5.8) と式 (5.9) を使うと，$\sum \hat{u}_i^2$ は以下のようにも書き換えられる．

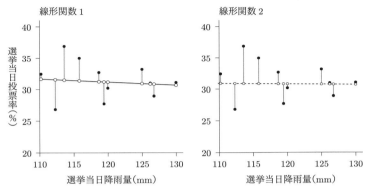

注：データは Kitamura and Matsubayashi (2021) に基づく.

図 5.2 残差の比較

$$\sum \hat{u}_i^2 = \sum (Y_i - \hat{Y}_i)^2 = \sum (Y_i - \hat{\alpha} - \hat{\beta} X_i)^2 \tag{5.10}$$

つまり $\sum \hat{u}_i^2$ が最小となるような線形関数を見つけるとは,$\sum (Y_i - \hat{\alpha} - \hat{\beta} X_i)^2$ が最小となるような $\hat{\alpha}$ と $\hat{\beta}$ の組み合わせを見つけることに他ならないのである.$\sum \hat{u}_i^2$ を最小とするような $\hat{\alpha}$ と $\hat{\beta}$ を見つけるというアプローチを**最小二乗法**(Ordinary Least Squares, OLS)と呼び,$\hat{\alpha}$ と $\hat{\beta}$ を**最小二乗推定量**(OLS estimator)と呼ぶ.自己選択バイアスがなければ,$\hat{\beta}$ は投票率 Y_i に対する降雨量 X_i の因果効果を表す.

　ここまでは自己選択バイアスがないことを前提として議論を進めてきた.つまり,降雨量が多い地域と少ない地域の特徴は近似しているという仮定を置いている.しかし,前述の例のように,日本各地で降雨量が大きく異なる時期に選挙が実施されたため,西日本で

は雨が多く東日本では雨が少なかったとする．この場合，降雨量以
外にも西日本と東日本の地域差が投票率に影響を及ぼすのであれば
因果効果を正確に識別できなくなる．そこで，地域差の影響を統制
して取り除いた上で降雨量が投票率に与える因果効果を推定すると
いう方法を用いることができる．具体的には，式(5.6)の回帰式に
市区町村 i が西日本地域にあれば 1，東日本地域にあれば 0 をとる
ダミー変数 Z を追加する．

$$Y_i = \alpha + \beta X_i + \delta Z_i + u_i \tag{5.11}$$

地域ダミー変数を投入することで，投票率の変動のうち地域差で説
明できる部分を取り除いた上で降雨量が投票率に与える因果効果を
推定することが可能になる．別の言い方をすると，地域ダミーを投
入することで，各地域内では市区町村ごとに降雨量がほぼ偶然に決
まっているという仮定をおけるのである．自己選択バイアスの原因
となりそうな他の変数がある場合には，それらの変数を回帰式の右
辺に追加で投入して影響を取り除くことができる．

　注意してほしいのは，無作為化実験や自然実験のような場合を除
いて，他の変数を統制するというこのようなやり方はうまくいかな
いことが多いという点である．この章で取り上げている例では，地
域差さえ取り除いてしまえば自己選択バイアスがないと考えられ
る．しかし，2章や3章で取り上げた新聞購読と政治知識量の関係
の場合，新聞購読は各有権者の自己選択で決まるので，さまざまな
理由で自己選択バイアスが生じる可能性がある．3章の議論を思い
出してほしいが，交絡変数として重要だと思われるが観察できない
変数や，そもそも交絡変数かどうか判断に迷う変数が存在する．こ
のような場合には統制というアプローチは成功しない可能性が高

い．よって，介入群や対照群への割り当てが偶然に決まっているような自然実験や次章以降で紹介するような研究デザインを使うといった工夫が必要となってくるのである．

●雨は本当にランダムに降るのか？　この節の議論では選挙当日の各市区町村の降雨量は人間のコントロールの及ばないメカニズムで決定される，つまりほぼ偶然に決まっているという仮定を置いている．しかし，割り当てのメカニズムは4章の無作為化実験とは大きく異なる．降雨量の場合，くじで選ばれたM市は降雨量100 mm，一方で選ばれなかった隣のN市は降雨量0 mmといったような無作為割り当ては起きない．自分の住む市では雨が大量に降っているが，隣の市は全く雨が降っていないという状況は想像できないだろう．天候というのは一般的に都道府県や地域(関西や東北など)といった市区町村よりも大きい地理的単位で決まることを踏まえると，偶然の割り当ては市区町村単位よりも地域単位で起こっていると見なすほうが自然である．この場合，関西では雨が降ったが東北では降らなかったという状況になる．そこで，回帰式に地域ダミー変数を投入することで，関西内の市区町村における降雨量のばらつきを利用して降雨量の因果効果を推定する．同じ地域内の市区町村ではどこも一定程度の雨が降る中で，どの市区町村で雨が多い・少ないかは雨雲の動きなどである程度偶然に決まっていると見なしていいだろう．同様のことは東北の市区町村における降雨量のばらつきにも言える．次節の分析例では台風の例を用いるが，同様の議論が当てはまる．

3　台風が投票率に与えた因果効果の推定

この節では2017年の衆院選における日本全国の約2000の市区町村のデータを使って，選挙当日の降雨量が投票率に与えた因果効果を推定する．降雨量という点から考えると，2017年の衆院選は

非常に特異な選挙である．9 月 28 日に衆議院が解散したことを受け，公示日が 10 月 10 日，そして投票日が 10 月 22 日と設定された．投票日の約 1 週間前である 10 月 16 日にミクロネシア連邦のカロリン諸島付近で台風 21 号が発生し，日本に向かって北上を始めた．台風 21 号は投票日前日の 21 日から投票日の 22 日にかけて日本の本州の南を北上し，関西や東海地方を中心として豪雨と暴風をもたらした．台風 21 号による暴風雨を原因として，西日本から東北にかけての広い範囲で水害や土砂災害等が発生し，その結果 8 名が亡くなり，またライフラインへの甚大な被害が生じた[2]．

　台風 21 号は投票日とその前後にかけて稀に見る降雨量をもたらした．例えば，三重県の尾鷲市では投票日 24 時間の総降雨量が約 600 mm と記録されたが，これは尾鷲市における 10 月の平均総降雨量の 1.5 倍である．つまり尾鷲市では 1 ヶ月分以上の雨が一日で降ったということを意味する．投票日には台風は和歌山県の南側の海上を移動していたので，和歌山県，三重県，奈良県を中心として関西地方や東海地方の市区町村で記録的な豪雨が観測された．図 5.3 は投票日における公職選挙法で定められた投票時間である 7 時から 20 時までの総降雨量を市区町村別に図示している．色が濃くなるほど降雨量が多かったことを示しており，特に関西地方を中心として投票時間中の降雨量が多かったことがわかる．一方で，沖縄，九州地方の西側，東北地方，そして北海道の市区町村では降雨がほとんど観測されていなかったこともわかる．

　図 5.3 で示した台風 21 号による降雨量の地域差は，人間のコン

　2）　詳しくは https://www.data.jma.go.jp/obd/stats/data/bosai/report/2017/20171025/20171025.html

降雨量(mm)
200
100
0

注：データは Kitamura and Matsubayashi
(2021) に基づく.

図 5.3 日本全国の投票時間中の総雨量（2017 年 10 月 22 日）

トロールの及ばない自然のメカニズムによって決まったと考えてい
いだろう．台風が投票日に暴風雨をもたらすことは誰にとってもほ
ぼ予測不可能であり，またどの地域により大きな影響をもたらすか
もほぼ偶然に決まっている．その意味で，台風 21 号による選挙当
日の降雨量はほぼ偶然に日本全国の各地域に割り当てられたと見な
すことができ，典型的な自然実験であると言っていい．

　一方で，台風の特性上，降雨量の割り当ては市区町村別ではなく
地域別に決まっていることに注意すべきである．台風 21 号によっ
て関西地方の市区町村ではたまたま降雨量が多かったが，一方で東
北地方や北海道の市区町村ではたまたま降雨量が少なかったとい
う状況が生まれたのである．地域別に介入状態の割り当てが行われ
たのであれば，降雨量の多かった地域の市区町村と少なかった地域
の市区町村では平均的な特徴のバランスが取れてない可能性が生じ
る．

　そこで，バランスチェックとして降雨量が市区町村の社会経済的
属性とどれだけ相関しているのかを確認する．市区町村の社会経
済的属性として人口規模，65 歳以上人口比率，第 1 次産業就業者
比率，第 2 次産業就業者比率，第 3 次産業就業者比率を使用する．
各変数のデータは「統計でみる市区町村のすがた」から入手した．
各社会経済的属性変数を横軸に，2017 年の衆院選投票日の降雨量
を縦軸に配置したプロットが図 5.4 である．図上部を見ると，市
区町村の人口規模が大きくなると降雨量が大きくなるという関係が
見られ，また図下部を見ると高齢化率や第 1 次産業就業者比率が
高いほど降雨量が小さくなることが見て取れる．一方で，第 2 次
産業や第 3 次産業就業者比率が高い地域では降雨量は大きい．こ
れは九州地方や東北地方と比較して，人口規模が大きい関西地方や
東海地方で雨が多かったことを意味している．よって，実際の推定
では地域間の差異を考慮しながら分析を行う必要がある．

　日本全国のデータを使って，2017 年の衆院選における降雨量と
投票率の関係を見てみよう．図 5.5 は 2 変数の散布図である．式
(5.8)に基づく回帰直線も追加した．ここでの投票率は期日前投票
期間中に投票した人数を除き，投票日に投票した有権者数を分子
に，全有権者数を分母にして 100 をかけた値を意味する．図 5.5
の回帰直線は右肩下がりであり，降雨量と投票率は負の関係にあ
ることがわかる．つまり，雨が強くなると，投票率が下がることが
示されている．

　表 5.1 の列(1)は式(5.7)の β の推定値を示している．降雨量が
1 mm 増えると，投票率は 0.05 ％ ポイント下がる．カッコ内の数
値は標準誤差を示している．式(5.7)から得られたこの推定値は降
雨量の因果効果を正確に表しているのだろうか．降雨量の多かった

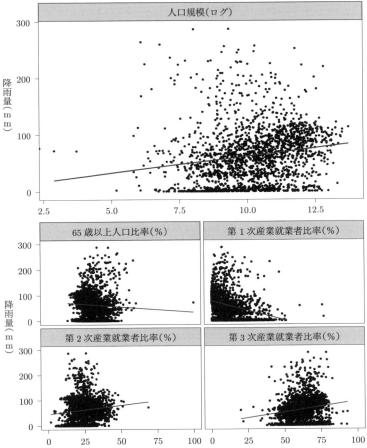

注：降雨量データは Kitamura and Matsubayashi (2021) に基づく．社会経済的属性変数のデータは総務省統計局の「統計でみる市区町村のすがた」(https://www.stat.go.jp/data/s-sugata/index.html) に基づく．

図 5.4　社会経済的属性変数と降雨量

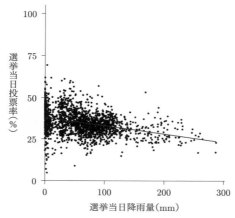

注：データは Kitamura and Matsubayashi (2021) に基づく.

図 5.5 降雨量と投票率

表 5.1 回帰分析の結果

	結果変数：選挙当日投票率			
	(1)	(2)	(3)	(4)
選挙当日降雨量	−0.050 (0.015)	−0.053 (0.012)	−0.044 (0.009)	−0.044 (0.009)
地域固定効果	なし	あり	なし	なし
都道府県固定効果	なし	なし	あり	あり
属性変数	なし	なし	なし	あり
調整済み R^2	0.116	0.215	0.413	0.430

注：データは Kitamura and Matsubayashi (2021)に基づく.
カッコ内の標準誤差は県レベルでクラスター化されている.

地域と少なかった地域のバランスが取れていない可能性があることはすでに述べたが，この地域間の差が投票率にも影響を及ぼしている可能性がある．そこで，列(2)では地域差の影響を取り除いたあとで降雨量が投票率に与えた影響を推定している．具体的には，式(5.11)で示したように，地域固定効果を投入している[3]．列(2)での β の推定値は -0.053 であり，列(1)での推定値とほとんど変わらない．

さらに，列(3)は地域固定効果の代わりに都道府県固定効果を投入し，列(4)では都道府県固定効果に加えて図5.4で使用した市区町村別の人口規模，高齢化率，第2次産業および第3次産業就業者比率といった社会経済的属性変数を回帰式に追加して推定を行った結果を示している[4]．推定値はいずれも -0.044 であり，都道府県の違いや社会属性変数の影響を考慮しても推定値はほとんど変わらない．よって，式(5.7)を推定することで，降雨量が投票率に与えた因果効果をある程度は正確に識別できていることを示している．

最後に推定値の実質的な意味を解釈してみよう．列(1)の推定値を使うとすると，降雨量が1mm増えると投票率は0.05%ポイント下がることがわかる．気象庁の予報用語では1時間雨量が10mmから20mmのときに，雨がザーザー降っており，地面からの跳ね返りで足元が濡れ，また水たまりができる，となっている[5]．

---

3) 地域固定効果としては，北海道東北地域固定効果，関東地域固定効果，北信越東海地域固定効果，関西地域固定効果，中国地域固定効果，四国地域固定効果，九州沖縄地域固定効果変数を作成し，北海道東北固定効果をベースラインと定義して回帰式から落とした．

4) 第1次産業就業者比率は分析から除外した．

5) https://www.jma.go.jp/jma/kishou/know/yougo_hp/amehyo.html

このような状況が投票時間中ずっと続いて総雨量が 130 mm（＝10 mm×13 時間）になったとしよう．このとき，$-0.05 \times 130 = -6.5$ なので投票率は 6.5% ポイント下がるのである．なお 2017 年の衆院選における降雨量の最大値は 287 mm だったので，その量の降雨を経験した市区町村では，降雨量がゼロだった市区町村と比較して 14.35% ポイントも投票率が低下したことを意味している．また，2017 年の選挙当日の平均投票率が 34.62% だったので，降雨量が最大になると選挙当日の投票率は平均からほぼ半減することもわかる[6]．

4　応　用　例

以下では，自然実験を使った 3 つの研究例を紹介する．1 番目は，候補者の知名度に関する研究である．この章の冒頭でも触れたが，投票参加に際してのコストの一つはどの候補者や政党に投票するかを決める過程で発生する．有権者はそのコストを下げるために，候補者の業績や政党の公約といった入手や理解が難しい情報は考慮せず，候補者の知名度に頼ることがある．名前を聞いたことがない候補者よりも，自分が少しでも知っている候補者（例えば芸能界やスポーツ界で活躍していて政治家に転身した候補者や名前に馴染みのある候補者）を魅力的に感じるのである．

しかし，候補者の知名度が有権者の投票選択に与える因果効果を推定するのは難しい．知名度が高い候補者と低い候補者では，業

6）　ここでは台風が期日前投票率に与えた影響は考慮していない．この点については Kitamura and Matsubayashi (2021) を参照されたい．

績や経歴など多くの違いがあると思われるからである．そこで，福元と三輪の研究は，日本の参院選の全国区制選挙と都道府県選挙区制選挙において偶然に作られた候補者名の組み合わせを利用して，候補者の知名度が得票率に与える因果効果を推定しようとした（Fukumoto and Miwa 2018）．同時に投票が行われるこれらの2つの選挙で共通するのは，有権者が候補者名を使って投票先を選べるという点である[6]．

　福元と三輪が注目したのは，全国区制選挙と都道府県選挙区制選挙における候補者名の重なりである．例えば，ある参院選において鈴木一郎という候補者が全国区制選挙で立候補しているとする．さらに，A県では鈴木二郎という候補者が立候補しているが，B県では鈴木という姓の候補者はいないとしよう．A県では鈴木二郎が熱心に選挙活動を行うので，A県の有権者の中で鈴木という名前の浸透が進む．A県の選挙区制選挙において鈴木二郎に投票した有権者は鈴木という名前を思い出しやすいので，全国区制選挙でも鈴木一郎の得票率が高まるのである．一方でB県では鈴木という名前はそれほど浸透していないので，A県と比較するとB県では鈴木一郎の得票率が低くなると福元・三輪は予測した．

　分析対象となった17回分の参院選のデータでは，全国区制選挙

6）　参院選の全国区制選挙では各候補者は全国の有権者を対象として票を争う．1947年から1980年までは，有権者は全国単一の候補者リストの中から投票する候補者を1人選んでいた．2001年からの非拘束名簿方式比例代表制では有権者は政党名を選ぶか，あるいは各政党が提出する候補者リストの中から候補者を1人選ぶ．なお，全国区の選挙で拘束名簿式比例代表制が用いられていた1983年から1998年までの6回分の参院選は分析から除外されている．都道府県を単位とする選挙区制選挙では，各候補者は都道府県内の有権者を対象として票を争う．有権者は都道府県内の候補者の中から候補者を1人選ぶ．

の候補者は約 2600 人であり，そのうち約 600 人ほどが都道府県選
挙区制選挙における候補者と同じ姓を持っていた．福元と三輪の分
析によると，全国区候補者と同じ姓を持つ選挙区候補者がいない県
と比較して，同じ姓を持つ選挙区候補者がいる県では，全国区候補
者の得票率が 69％ も高くなることが示されている．この効果は現
職議員であることや女性議員であることの影響よりも強い．全国区
と都道府県選挙区の候補者の姓が被ることは戦略的にではなく偶然
に起きている可能性が高く，候補者名の因果効果の識別に成功して
いると言っていいだろう．

　Durante et al.（2019）はイタリアのデータを使って，エンター
テイメントテレビが選挙結果に与える長期的影響を調査した．テレ
ビ視聴が政治参加や社会参加を減らす可能性は繰り返し指摘されて
きたが，これが本当に因果関係かどうかはよくわかっていない．テ
レビのどの番組をどれぐらい視聴するかは自己選択で決まるからで
ある．そこで，Durante らは，テレビ番組へのアクセスの違いが
ほぼ偶然に生まれた状況を利用することでテレビが与える因果効果
を明らかにしようとした．イタリアでは 1980 年代にシルヴィオ・
ベルルスコーニが率いるフィニンベスト，のちのメディアセットが
次々とテレビ放送局を傘下に収め，イタリア全土でのテレビ放送を
開始した．メディアセットが放送するテレビ番組はエンターテイメ
ントに特化しており，また放送時間も長く設定されていた．メディ
アセットは既存の中継機を利用して放送を開始したので，放送開始
直後は中継機からの信号が強く受信状態が良好な市区町村と受信状
態が悪い市区町村が生まれることとなった．

　Durante らは市区町村ごとの受信状態の良し悪しが人間のコン
トロールの及ばない地形などの要因に影響を受けていることに注

目した．社会経済状況や地域特性をコントロールすれば，メディア
セットの放送開始直後に放送信号を良好に受信できてメディアセッ
トの番組を見ることのできる市区町村(介入群)とそうでない市区
町村(対照群)は比較可能であるという仮定を置き，メディアセット
によるテレビ放映がイタリア有権者に与えた影響を推定した．分
析結果は，介入群の市区町村ではベルルスコーニが設立した政党で
あるフォルツァ・イタリアの得票率が高いこと，特にメディアセッ
トの放送が始まった当時に 10 歳以下と 55 歳以上だった有権者で
その効果が強かったことを示している．この理由として，Durante
らはメディアセットの番組を長時間視聴することでこれらの有権者
の認知能力が低くなったこと，その結果としてフォルツァ・イタリ
アやベルルスコーニのポピュリスト的メッセージを受け入れやすく
なったという可能性を提示している．

　最後に選挙とは関連しない自然実験の応用例を紹介したい．歴
史を振り返ると，大統領や首相など政治的要人に対する暗殺の企
てはいくつも記録されている．1921 年に起きた原敬首相の暗殺や，
1963 年に起きた米国のケネディ大統領の暗殺は有名な事件だろう．
ではこれらの暗殺事件はその後の国のあり方を変えたのだろうか．
これまでは主に歴史研究がこの問いに取り組んできたが，一方で暗
殺の因果効果を測定した研究はあまりない．そもそも，国の政治経
済状況が暗殺の実行に影響を及ぼす可能性があるので，暗殺が起き
た国と起きていない国の比較を行っても暗殺の因果効果を識別する
ことはできない．

　そこで Jones and Olken (2009)は世界中で 1875 年から 2004 年
の間に発生した 298 件の暗殺の実行に関するデータセットを構築
することで，因果効果の識別に迫ろうとしている．この 298 件の

中には，暗殺が成功して政治リーダーが死亡したケース(59 件)と，暗殺が失敗してリーダーが死亡しなかったケースが含まれる．Jones and Olken は暗殺が成功するか失敗するかはほぼ偶然に決まっていると論じている．というのも，例えばケネディ大統領のケースだと，遠くから放たれた銃弾が車で移動中の大統領から逸れる可能性があった．また，1976 年に起きたウガンダの当時のアミン大統領に対する暗殺事件では，アミン大統領に向かって投げられた手榴弾が体にあたって跳ね返ることで大統領は命拾いしている．実際，暗殺が成功するかどうかはその国の当時の政治経済状況や暗殺の対象となった政治リーダーの特徴とは関連していない．暗殺の計画や成功に影響を与えそうな交絡変数を統制した上で暗殺が成功したケース(介入群)と失敗したケース(対照群)を比較した場合，暗殺成功の直後に特に独裁制の国で民主化が進むこと，進行中の紛争が激化することなどが示されている．

第6章

....

カットオフ周辺での割り当てを利用する比較：不連続回帰デザイン

　本章で紹介する**不連続回帰デザイン**(Regression Discontinuity design, RD design)では，前もって決められた基準に従って介入群と対照群への割り当てが起きるという状況を利用する．基準を少し上回って介入群に割り当てられた人々と，基準を少し下回って対照群に割り当てられた人々の特徴は似通っているとの想定のもと，これら2群の比較を行う．個人や集団が基準を少し上回るか下回るかを自分で決めることができないのであれば，介入群と対照群への割り当ては偶然性の強いメカニズムで決まっていると言える．よって，自己選択バイアスがないと想定することができるのである．偶然性に基づく割り当てという点を考慮すると，不連続回帰デザインを自然実験と見なすこともできる．

1　選挙競争と現職効果

　選挙は代表民主制の根幹となる手続きである．選挙を通じて，有権者は自分たちの意見や利益を代表してくれる議員や政党を選ぶ．現職の議員や政党の働きぶりに満足しているのであれば，有権者は次回の選挙でも同じ議員や政党を選ぶ，つまりアメを与える．逆

に，現職議員の働きぶりに不満があるのであれば，次の選挙でムチを使って別の候補者を選ぶ可能性が高い．つまり，現職議員や政党の働きぶり，つまり業績は有権者の投票選択に大きな影響を及ぼすのである．

　現職議員や現職政党は，自分たちの業績を有権者に対して強力にアピールできる．ここでは，日本の衆議院選挙における小選挙区選出の現職自民党議員に注目して議論を進める．同じ選挙区での再選を目指す自民党候補者は，他の候補者と比べて優位な状況にある．現職として議員活動を行ってきたため，メディアでの露出が多くなって選挙区内における知名度が高くなるし，個人としても党としても在職期間中の具体的業績をアピールできる．現職の引退などを理由として新人の自民党候補者が立候補する場合でも，現職からの継続性をアピールしたり引退する議員からの支援を受けることができるだろう．有権者は，名前に馴染みがあり業績を少しでも知っていて，現職政党候補者というわかりやすい判断基準を持つ候補者に投票するほうが安心感を持つだろう．このような状況では，現職に対抗しようとする非自民党の候補者，特に能力や質が高くて本来であれば勝ち目のある他党候補者は負けるのを嫌って出馬するのを諦めるかもしれない．ある選挙区で現職政党となることが次の選挙で得票増につながる因果効果を**党派的現職優位効果**（partisan incumbency advantage）と呼ぶ．党派的現職優位効果が強すぎると，業績の良し悪しと関係なく，「現職だから」という理由で選挙結果が決まってしまい，選挙が持つアメとムチの機能がうまく働かなくなる．

　では，日本の選挙において党派的現職優位効果はどの程度大きいのだろうか．自民党現職候補者がいる選挙区（介入群）とそのよう

な候補者がいない選挙区(対照群)の自民党候補者得票率を比較して
も，党派的現職優位効果を明らかにすることはできない．介入群と
対照群の選挙区属性には大きな違いがあると考えられるからであ
る．例えば，選挙区内の有権者の党派性の影響を考えてみよう．自
民党を支持する有権者や保守的なイデオロギーを持つ有権者の多い
選挙区では，各選挙で自民党候補者を選ぶ確率が高い．選挙区内の
有権者の構成に大きな変化がないのであれば，次回の選挙でも同様
に自民党寄りの有権者は自民党候補者に投票する可能性が高い．つ
まり，有権者の党派性には選挙区ごとに大きな違いがあり，この違
いが今回の選挙結果と次回の自民党得票率とに関連していると考え
られる．たとえ介入群と対照群の自民党得票率に正の差があった
としても，その差は党派的現職優位効果ではなく有権者の党派性の
違いによる自己選択バイアスによって生み出されている可能性があ
る．

　ここで強調しておきたいのは，選挙区の特徴に関して介入群と対
照群に違いがあると認めたとしても，それらを統制するというアプ
ローチはうまくいかないということである．選挙区の特徴をすべて
観察するのは難しい．また，今回と次回の選挙結果に影響を与えそ
うなすべての交絡変数を特定するのはほぼ不可能だろう．そこで，
介入状態以外は似通った特徴を持つ介入群と対照群を作り出すため
に不連続回帰デザインを利用する．

2　不連続回帰デザインの仕組み

　不連続回帰デザインでは，何らかのカットオフ(cutoff)の周辺に
位置する人々や集団が介入群と対照群に分割される状況を利用す

る．カットオフとは何らかの資格や権利を得る基準値を意味する．例えば，ある高等学校の入学試験の合格基準に注目して，試験の合格基準にぎりぎり達して入学資格を得た受験者(介入群)と合格基準にぎりぎり達せず入学が叶わなかった受験者(対照群)について 3 年後の大学共通入学テストの成績を比較することが考えられる．あるいは，何らかの給付金の受給資格が年齢によって決まっているとして，ある年齢の誕生日を迎えた直後で給付金の受給資格を得た人々(介入群)と誕生日を迎える直前で給付金の受給資格をまだ得ていない人々(対照群)の健康状態を比較するといった状況も考えられる．

　政治学では，選挙の候補者の得票率差がカットオフとして使われることが多い．自民党候補者 1 名と非自民党候補者 1 名が各選挙区で議席を争っており，他に候補者はいないとする．議席が 1 つの選挙での勝敗は 2 名の候補者の得票率の差で決まる．相手の候補者と比べてほんの少しでも高い得票率の自民党候補者(つまり自民党候補者の得票率 − 非自民党候補者の得票率 >0)が勝者となり，逆に相手に比べて得票率が少しでも低かった自民党候補者は敗者となる．選挙結果に基づいて自民党候補者が勝った選挙区を介入群，自民党候補者が負けた選挙区を対照群と見なして，結果変数の比較を行うのである．党派的現職優位効果が存在するのであれば，次回の選挙では，介入群で自民党候補者得票率が高くなるはずである．

　不連続回帰デザインの仕組みをさらに詳しく見てみよう．今回の選挙での選挙区 i における自民党候補者と非自民党候補者の得票率差を X_i としよう．もし X_i がカットオフ c よりも高ければ自民党候補者が勝利し，その選挙区は介入群に割り当てられる．逆に X_i が c よりも低ければ自民党候補者は敗北したのでその選挙区は対照群に割り当てられる．相手よりも一票でも多く獲得すれば勝利でき

るので，得票率差で考えれば c は 0 となる．X_i とカットオフ c の値を使って介入変数 D_i の状態を表すと，

$$D_i = \begin{cases} 0 & \text{if } X_i < c \\ 1 & \text{if } X_i \geq c \end{cases} \tag{6.1}$$

となる．$D_i = 1$ の選挙区では自民党候補者が勝ち，$D_i = 0$ の選挙区では自民党候補者が負けたことを意味する．介入変数の状態を決定する X_i を**強制変数**(forcing variable)または**ランニング変数**(running variable)と呼ぶ．介入変数 D_i の状態は X_i のみで完全に決定されると想定する．つまり X_i が c(つまり 0)よりも高ければ必ず議席を獲得し，c よりも低ければ議席を得ることはないと考える．無作為化実験における完全遵守の状態が達成されていると考えてもいい．

次回の選挙における選挙区 i の自民党候補者の得票率を Y_i とする．この選挙区における潜在的結果を考えると，自民党が現職の場合の自民党得票率は $Y_i(1)$，自民党が現職ではない場合の自民党得票率は $Y_i(0)$ となる．求めたい因果効果 $Y_i(1) - Y_i(0)$ を直接に観察することはできないので，介入群と対照群それぞれについて Y_i の期待値を計算して比較することを考える．$Y_i(1)$ と $Y_i(0)$ はそれぞれ X_i が c より高い値か低い値をとるときには観察できる．そこで，X_i の値に基づいて Y_i の期待値を考えると

$$E(Y_i|X_i) = \begin{cases} E(Y_i(0)|X_i) & \text{if } X_i < c \\ E(Y_i(1)|X_i) & \text{if } X_i \geq c \end{cases} \tag{6.2}$$

と書ける．$E(Y_i|X_i)$ を図示したのが図 6.1 である．図中の横軸は強制変数である X_i，縦軸は結果変数である Y_i の期待値である．横

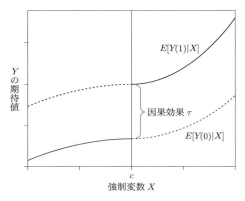

図 6.1 不連続回帰デザインにおける因果効果

軸の中央付近の縦線はカットオフ c を意味する．$E[Y_i(1)|X_i]$ は X_i の値が c よりも高ければ観察可能であり(実線で表されている)，c よりも低ければ観察ができない(破線で表されている)．逆に $E[Y_i(0)|X_i]$ は X_i の値が c よりも低ければ観察可能であり，c よりも高ければ観察ができない．

　しかし，図 6.1 によると，c の近辺では $E[Y_i(0)]$ と $E[Y_i(1)]$ は両方とも観察可能である．これを利用してカットオフでの期待値の差(ジャンプと呼ばれることが多い)を我々の求めたい因果効果と定義する．定式化すると

$$\tau = E(Y_i(1)|X_i = c) - E(Y_i(0)|X_i = c) \tag{6.3}$$

となる．ただ実際にはカットオフでも i は介入群か対照群のどちらかに割り当てられてしまうので，片方の結果のみが観察可能となる．そこで，カットオフ周辺に位置し X_i の値が極めて近い値を持

つ選挙区に注目しよう．X_i が c より少しでも高ければ $D_i = 1$ となり，X_i が c より少しでも低ければ $D_i = 0$ となる．もしカットオフ周辺に位置する選挙区の割り当てが得票率差のみで決まっているのであれば，$D_i = 1$ の選挙区グループと $D_i = 0$ の選挙区グループの結果変数を比較することを通じて τ を推定することができる．カットオフでの Y の期待値の突然の変化，つまり**不連続**(discontinuity)を利用して因果効果の識別を目指すことから不連続回帰デザインと呼ばれるのである．

　注意してほしいのは，3 章で紹介した平均因果効果（ATE）とは異なり，この τ はある特定の個人や集団に関する因果効果を意味するという点である．ATE の大きさは母集団の全個体について同じである．一方，式(6.3)に含まれる $|X_i = c$ が示すように，不連続回帰デザインが識別する因果効果はカットオフに位置する個体を対象とした因果効果である．つまり，識別される因果効果がカットオフから遠く離れた個体にも当てはまるとは限らない．この点についてはのちほど詳しく述べる．

　τ が因果効果であるためには**連続性仮定**(continuity assumption)が満たされる必要がある．この仮定は，カットオフ付近では潜在的結果変数の期待値は不連続にならない，つまり選挙の勝敗以外の要因では違いが生じないことを意味している．これはもしカットオフで候補者の勝敗が決まるというルールがないのであれば，カットオフにおいて Y_i の期待値には何ら変化が生じないことを意味している．また，カットオフ以外では結果変数のジャンプが見られないことも同様の意味を持つ．

　連続性の仮定が満たされない理由としては選挙不正が考えられる．何らかの不正な手段が用いられて僅差で負けた候補者が勝者と

なり，僅差で勝った候補者が敗者となったとしよう．例えば，開票の段階で，僅差で勝った候補者から僅差で負けた候補者に何票かが不正に移動されたとする．この場合，本来なら負けていた候補者が勝者となってしまうのであるが，実際の選挙結果以外にも選挙不正という別の要因がカットオフ付近で結果変数の期待値の違いを生み出すことになる(de la Cuesta and Imai 2016)．得票率差に加えて，選挙不正が自民党候補者の勝利や敗北に影響を及ぼすということである．よって，選挙不正があった場合には連続性仮定が満たされないため，介入変数の因果効果を正確に識別できなくなる[1]．

3　党派的現職優位効果の推定

不連続回帰デザインを実際に応用して，日本の衆議院の小選挙区制選挙で党派的現職優位効果が見られるかどうかを調べてみよう．有賀らの研究が同様の分析を行っている(Ariga et al. 2016)ので，彼らのアプローチを参考にしながら不連続回帰デザインの具体的な使い方を説明する．

ここでは 2000 年から 2017 年にかけての衆議院議員総選挙にお

---

1)　選挙での勝敗に基づく不連続回帰デザインを用いた多くの研究は，連続性仮定ではなく local randomization 仮定を識別条件であると論じてきた．local randominzation 仮定とはカットオフ付近での強制変数の値は天気などのランダムな要因で決まるので結果として勝敗も無作為に決まっており，そのためカットオフの少し上に位置する介入群の個体とカットオフの少し下に位置する対照群の個体は比較可能であることを意味する．しかし de la Cuesta and Imai (2016)や Cattaneo, Idrobo, and Titiunik (2020)たちは local randomization 仮定よりも弱い仮定である連続性仮定のみが満たされることが識別条件であると論じている．

ける自民党の党派的現職優位効果を推定する．不連続回帰デザイン
の枠組みの中でリサーチクエッションを組み立てると，「t回の選
挙で自民党候補者が僅差で勝った介入群の選挙区と僅差で負けた対
照群の選挙区では，$t+1$回の選挙における自民党候補者の得票率
がどれだけ異なるのか」となる．党派的現職優位効果が存在するの
であれば，対照群に比べて介入群の自民党得票率が高くなるはずで
ある．自民党以外の政党についても党派的現職優位効果を調べるこ
とは可能であるが，ここでは分析対象とはしない[2]．よって，介入
群は前回選挙で僅差で自民党候補者が勝った選挙区，対照群は僅差
で自民党候補者が負けた選挙区となる．

　分析には水崎・森が作成した JED-M 総選挙データを用いる．表
6.1 はデータの一部(愛知 5 区)を示している．強制変数である得票
率差や介入変数である自民党現職ダミーは t 回の選挙結果に基づい
ており，それが $t+1$ 回の選挙での自民党得票率に影響を及ぼすと
想定している．例えば，2000 年の行の得票率差と自民党現職ダミ
ーは 1996 年の選挙(t 回)における情報に基づく．そして，その行
の自民党得票率は 2000 年($t+1$ 回)の選挙結果に基づいている．な
お，選挙制度改革後初めての小選挙区制選挙が行われた 1996 年は
強制変数が存在しないため分析から除外されている．また，2003
年と 2017 年の選挙では区割りが変更された選挙区が複数存在して
おり，その対象となった選挙区をデータから除外した．表 6.1 で
は 2003 年の第 43 回のデータが示されていないが，これは愛知 5
区が新しい区割りになってからの選挙だったか，あるいは 2000 年

---

　2) というのも，2000 年から 2017 年の衆院選小選挙区において同一政党名
で選挙を戦いしかも一定数の議席を獲得してきたのは自民党のみであり，自民党
のみが十分なデータを提供してくれるからである．

表 6.1　使用するデータの例

選挙年	選挙回	都道府県	選挙区	得票率差 （強制変数）	自民党現職 （介入変数）	自民党得票率 （結果変数）
2000	42	愛知県	5	−1.37	0	37.84
2005	44	愛知県	5	−6.47	0	48.32
2009	45	愛知県	5	3.87	1	34.85
2012	46	愛知県	5	−27.14	0	31.97
2014	47	愛知県	5	0.85	1	37.86
2017	48	愛知県	5	−6.67	0	37.08

注：JED-M データに基づく．

の選挙で自民党が上位 2 位までに入らなかったかのどちらかの可能性を示唆している．以下では合計 1748 の選挙区を対象として分析を行う．

　図 6.2 は t 回の衆院選での自民党候補者と非自民党候補者の得票率差の分布を示している．黒の縦線は得票率差がゼロであることを意味するカットオフであり，強制変数である得票率差が正の値であれば自民党候補者の勝利，負の値であれば自民党候補者の敗北を意味する．カットオフ付近に分布が集中していることから，自民党候補者と非自民党候補者の得票率差が小さい選挙区が数多くあることがわかる．分布がカットオフよりも右側に偏っているのは，1996年以降の衆院選で自民党候補者が小選挙区制選挙において優勢であったことを意味している．

　不連続回帰デザインを使った分析では，図 6.1 で示したようなカットオフでのジャンプが実際に見られるかどうかを目視することから始める．図 6.3 の左部は横軸に t 回の選挙における自民党候補者と非自民党候補者の得票率差(強制変数)を，そして縦軸に $t+1$ 回

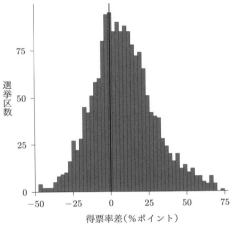

注：JED-M データに基づく.

図 6.2 得票率差の分布

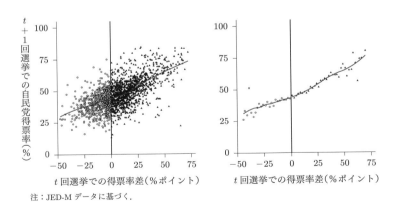

注：JED-M データに基づく.

図 6.3 カットオフ付近でのジャンプ

の選挙における自民党得票率(結果変数)を位置づけた散布図である.
この散布図からは今回の選挙での得票率差と次回の選挙での自民党
得票率には正の関係があることが見て取れるが,一方でカットオフ
においてジャンプがあるかどうかは判断できない.

　そこでデータをある程度集約することでカットオフ付近で何が
起きているのかを探索することが必要になる.その方法の一つとし
て,強制変数を任意のグループ(ビンと呼ぶ)に分けて,ビンごとに
結果変数の平均値を計算するというやり方がある.ここでは強制変
数を 5% ポイント刻みに分割し,各ビン内で平均値を計算するとい
う方法を試す.カットオフを境目として,$0 < x \leq 5$, $5 < x \leq 10$
や $-10 \leq x < -5$, $-5 \leq x < 0$ といったビンを作り,各ビン内に含
まれる選挙区の自民党得票率の平均値を計算した.その結果を図
6.3 右部にまとめている.この図でもカットオフの縦線の前後では
平均値に大きな差が見られない.なお,強制変数と結果変数に正の
関係が見られるのは,各選挙区の党派性が時間を通じて安定してい
るからである.

　ビン内の平均値を使う方法はデータを集約する方法の一つであ
るが,ビンの長さと数の決め方は恣意的になりえる.またビンによ
って含まれるデータの数に大きなばらつきが出る恐れがあり,ビ
ン内のデータの数が少なくなれば,情報の精度が低くなったり外れ
値の影響が大きくなったりする.そこで,何らかの基準を定めて最
適なビンの数や幅を選ぶ方法が提案されている(Cattaneo, Idrobo,
and Titiunik 2020).この方法ではまず同じ長さのビンを用いて介
入群内と対照群内の強制変数を分割するのか(Evenly-spaced bins,
ES bins),あるいは各ビンに同じ数のデータが含まれるように介
入群内と対照群内の強制変数を分割するのか(Quantile-spaced bins,

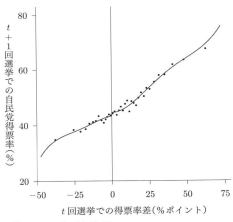

図 6.4 ES bins と MV method に基づくプロット

注：JED-M データに基づく.

QS bins)を決める．次に各ビン内で推定する平均値のバイアスと
分散の合計が最小になるようなビンの数を決定するか(Integrated
Mean Squared Error (IMSE) method)，各ビンの平均値の変動が結
果変数のもともとの変動と近似するようにビンの数を決定するか
(Mimicking Variance (MV) method)を選ぶ．技術的な詳細は Catta-
neo, Idrobo, and Titiunik（2020）を参照されたい．図 6.4 は ES
bins と MV method に基づくプロットであるが，カットオフ付近
では自民党得票率に大きな差は見られない．

　図による分析では自民党について党派的現職優位効果を示唆する
結果は得られなかったので，次に回帰分析を用いて同様の結果が得
られるかを確認しよう．不連続回帰デザインを使った分析では「今
回の選挙で自民党候補者が僅差で勝った介入群の選挙区と自民党

表 6.2　バンド幅と選挙区数

得票率差のバンド幅	±0.5	±1	±2	±5	±10	±20
選挙区数	37	77	154	366	669	1,176

注：JED-M データに基づく.

候補者が僅差で負けた対照群の選挙区では，次回選挙で自民党候補者の得票率がどれだけ異なるのか」を理解することが目的なので，勝敗が僅差で決まったカットオフ付近の選挙区に重きを置いて介入群と対照群の自民党得票率の差を推定することが望ましい. ここで考えなければいけないのが，「カットオフ付近の選挙区」をどのように定義するかである. 例えば強制変数である得票率差がものすごく小さい選挙区（例えば得票率差が ±0.5%）のみを分析対象とする場合，非常に僅差で勝敗が決まった選挙区のみが分析対象となる. しかし，得票率差の範囲（これをバンド幅（bandwidth）と呼ぶ）を狭くすると，バンド幅内に位置する選挙区数は少なくなる. 表 6.2 を見ると，バンド幅を ±0.5 に設定した場合にはそのバンド幅に含まれる選挙区数は 37 しかない. バンド幅が ±1 でも選挙区数は 77 のみである. 分析対象の選挙区数が少ないと推定結果の精度が低くなる.

　ではバンド幅を ±10 や ±20 に広げるとどうなるだろうか. 表 6.2 が示すように，選挙区数は大幅に増える. しかし，カットオフから大きく離れた得票率差の選挙区を分析対象とするのには問題がある. 不連続回帰デザインでは，連続性仮定が満たされているという条件のもとで，カットオフ前後の選挙区は比較可能であるという状況を利用して因果効果を推定する. カットオフから遠く離れた得票率差を持つ選挙区は選挙の勝敗以外にもさまざまな違いを持つ可

能性が高い．よって比較可能とは言えないだろう．加えて，バンド幅を恣意的に決めてしまうことで推定結果が歪められる可能性も高まる．

そこで，バンド幅の大小を機械的に決めるアプローチを用いる．このアプローチでは，カットオフ付近で一定のバンド幅に位置する選挙区のデータを使って，カットオフの左側(対照群)と右側(介入群)それぞれにおいて強制変数と結果変数の関係を線形回帰モデルで推定する手法を用いることが多い．最終的に，カットオフの左側と右側での回帰モデルの推定から得られた切片の差が因果効果の推定値となる．このときに使われるのは**局所線形回帰**(local linear regression)であり，モデルには強制変数の1次項のみか1次項と2次項を含むことが多い[3]．特定の局所線形回帰モデルを当てはめたときに，推定値のバイアスと分散が最小になるようなバンド幅を選択する．このような過程を通じて，バンド幅の大きさとその内側に含まれるデータの数という2つの条件を同時に考慮するのである．なお推定の際には各個体はカットオフからの距離が近いほど大きなウェイトを与えられる．各データポイントに与えられるウェイトやバンド幅の決め方の技術的詳細は Cattaneo, Idrobo, and Titiunik (2020)を参照されたい．

表6.3は，上記の方法を用いて自民党の党派的現職優位効果を推定した結果をまとめている．推定値は 0.467 であり，党派的現職優位効果はほとんどないことを示唆している．また推定値の 95% 信頼区間はゼロを含んでおり，統計的に有意だとは言えない．よっ

---

[3] 強制変数の2次項を含むのは，強制変数と結果変数の関係が非線形である可能性を考慮するためである．強制変数と結果変数の関係を近似できない場合，介入変数の因果効果を正確に推定できない可能性が高まる．

表 6.3 党派的現職優位効果の推定

	結果変数：自民党候補者得票率(%)
自民党現職選挙区	0.467 [−2.231, 3.610]
カットオフ未満の選挙区数	442
カットオフ以上の選挙区数	585

注：JED-M データに基づく．推定には triangular カーネルと 1 次局所線形関数を使用．バンド幅は MSE-optimal bandwidth に基づく．角カッコ内の数値は 95% 信頼区間を意味する．

て，この分析では自民党の党派的現職優位効果の存在を確認できなかった．これは有賀らの分析結果とも整合的である(Ariga et al. 2016)．

有賀らは，自民党候補者について党派的現職優位効果が見られない理由をいくつか提示している．1番目の可能性は，惜敗率に基づく比例区復活当選の影響である．僅差で次点となった候補者は比例区で復活当選し現職議員となることが多い．その場合，現職議員としてさまざまな特権を使うことができるので，次の選挙でも小選挙区選出議員と同じように選挙を戦える可能性がある．2番目の可能性は，自民党以外の政党による候補者調整と有権者の戦略投票である．自民党が僅差で勝った選挙区は接戦の状態にあり，次回の選挙で非自民党候補者が勝てる可能性が十分にある．そこで，自民党以外の政党が候補者擁立の調整を行うことで票割れを防ぎ，自民党候補者を負かそうとする．さらに，自民党を支持しない有権者も自民党に勝てそうな非自民党候補者がいるのであれば，自分の支持政党の候補者でなくても戦略的に投票する可能性がある．3番目の可能性は，有権者が選挙区特有の要因ではなく，国レベルの政策や政党

のリーダーを重視して投票先を決める傾向が強まった可能性である．候補者が誰かということよりも政党名に重きを置いて投票しているのであれば，小選挙区での候補者の違い(現職かどうかを含めて)はあまり意味を持たなくなる．有賀らは，いくつかの分析により，惜敗率に基づく比例区復活当選が自民党の党派的現職優位効果の欠如をもたらしている可能性が高いことを指摘している．

4 仮定の確認

不連続回帰デザインを用いて因果効果を識別できているかどうかは，2節で紹介した連続性の仮定が満たされているかどうか次第である．連続性の仮定は，選挙の勝敗以外の要因では結果変数の期待値が不連続にならないことを意味している．ただし，介入群と対照群の潜在的結果を観察することができないため，この仮定を直接に検証することは不可能である．そこで，間接的ではあるが，連続性の仮定が満たされているかどうかを確認する方法をいくつか紹介する．

1番目は，カットオフ付近の選挙区が似たような特徴を持っているかどうかを確認する，つまりバランスチェックを行うという方法である．t回の選挙の勝敗以外の変数は$t+1$回の選挙での自民党得票率に何ら影響を与えないという仮定が意味するのは，そもそも自民党候補者がぎりぎり勝利した介入群の選挙区とぎりぎり敗北した対照群の選挙区の特徴に体系的な違いがないことである．t回の選挙の勝敗が決まる以前に確定している選挙区の特徴，例えば，選挙前の選挙区の社会経済的属性や有権者の党派性は介入群と対照群に差がないはずである．例えば，図6.5は介入群と対照群のt回の

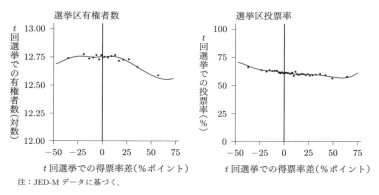

注：JED-M データに基づく．

図 6.5 介入群と対照群の属性の違い

選挙における選挙区有権者数と投票率を比較しているが，カットオフでは各変数は連続になっていてジャンプが見られない．選挙区の社会経済的属性変数を追加すればさらなるチェックが可能になる．

2 番目は，介入変数が影響を及ぼすとは考えられない結果変数に注目する方法である．これは**プラシーボテスト**（placebo test）と呼ばれる．プラシーボとは偽薬を意味し，新薬の効果検証を目的とする無作為化実験を行う際に使われる．薬の成分とは関係なくその薬を服用すること自体が結果変数に影響を及ぼすという可能性を排除するために，新薬と同等の見た目を持つが新薬の成分を含まない偽薬を対照群に投与するのである．よって，偽薬は結果変数には影響を及ぼす可能性はない．ここでは自民党現職候補者の有無を偽薬と見なし，それとは関連しないであろう結果変数を見つけてみよう．例えば，今回の選挙での自民党候補者の僅差の勝ち負けは同じ選挙区での過去の自民党得票率とは全く関連しないはずであ

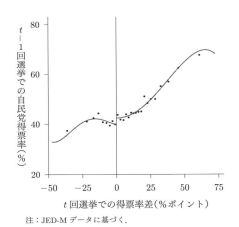

図 6.6　$t-1$ 回選挙での自民党得票率への因果効果

注：JED-M データに基づく.

る．原因は結果よりも時間的に先行しているはずであるから，t 回の選挙の勝敗が $t-1$ 回の選挙結果に影響を及ぼすとは考えられない．これを確認するためには，t 回の選挙の強制変数を $t-1$ 回の選挙の結果変数と結合させることが必要になる．例えば，2000 年の愛知 1 区の自民党候補者と非自民党候補者の得票率差（強制変数）が 1996 年の愛知 1 区の自民党得票率（結果変数）と結びつくこととなる．図 6.6 は $t-1$ 回の自民党得票率を縦軸に，t 回の得票率差を横軸としている．この図ではカットオフで小さいジャンプが見て取れるが，この推定値は統計的には有意でない（推定値 2.557，95％ 信頼区間 [−1.203, 6.338]）．

　3 番目は，カットオフ付近での強制変数の分布を確認する方法である．例えば，各地の選挙区で自民党候補者を利するような選挙不正が大規模に行われたとしよう．自民党候補者が僅差で負けている

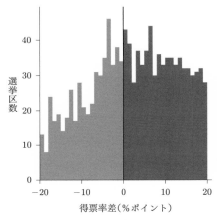

図 6.7 カットオフ付近での強制変数の分布

場合に不正な票の取り扱いを行うことで，自民党候補者を僅差で勝たせて非自民党候補者を僅差で負けさせるのである．この場合，カットオフのちょっと右側に位置する選挙区数が多くなり，ちょっと左側に位置する選挙区の数は少なくなるはずである．一方で，もしこのような不正がないのであればカットオフ前後での選挙区の数はほぼ同じになるはずである．図 6.7 は強制変数の分布を示しているが，カットオフ付近で選挙区数が大きく変動するとという挙動は見られない．よって選挙不正など人為的な方法によって選挙の勝敗が決まった可能性は高くないと言える[4]．

このような確認を経て，カットオフ付近の個体は比較可能であり

---

4) R の rddensity というパッケージを使ってカットオフ前後での選挙区の分布に違いがないという帰無仮説を検証したところ，p 値が 0.53 となり図 6.7 で示されている結果を裏付けている．

人為的な操作もなさそうだということがわかったとしよう．この場合，不連続回帰デザインを通じて得られた因果効果の内的妥当性は高そうだと結論づけてもいい．その一方で，因果効果の外的妥当性は高いとは言えない．ここまでの分析では，選挙制度改革以降のすべての小選挙区を対象として分析を行ってきたので，「少なくとも 1996 年以降の衆院選の小選挙区制選挙では党派的現職優位効果は見られない」という結論は一般化してもいいように思える．しかし，不連続回帰デザインにおいて因果効果の識別に用いているのは主にカットオフ付近でのデータである．そのため，得られた結論を適用できるのはどの候補者が勝つのかが事前に予測できない競争的な選挙区のみであり，自民党が非常に強かったり弱かったりする選挙区において党派的現職優位効果がどの程度なのかはわからないのである．よって，不連続回帰デザインから得られたエビデンスの一般化には注意が必要である．

　最後に，日本の衆議院の小選挙区制選挙を対象とした不連続回帰デザインの応用についての注意点を述べておきたい．党派的現職優位効果の研究がいくつも行われてきた米国の場合，連邦議会選挙や州議会選挙は 2 大政党である民主党と共和党の候補者のみの選挙戦になることが多い．候補者が 2 人のみの場合（あるいは 2 大政党の候補者に加えて泡沫候補が立候補している場合），カットオフは有効投票数の半数（つまり得票率が 50%）となるし，またほとんどの選挙区で同じカットオフに基づいて勝敗が決まる．

　一方，衆議院の小選挙区制選挙では 3 つ以上の政党の候補者が出馬する選挙区が多い．ここまでの分析ではこのような状況を無視して，上位 2 名の候補者の得票率差のみに注目することで強制変数を作成している．しかし，容易に想像できることだが，上位 2

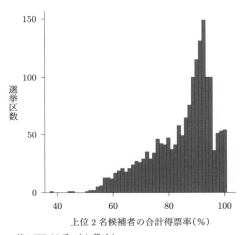

注：JED-M データに基づく．

図 6.8 上位 2 名の候補者の合計得票率の分布

名の合計得票率の分布は選挙区ごとに大きく異なる．図 6.8 は上位 2 名の候補者の合計得票率の分布を表している．分布の右側に位置する選挙区では 2 名の候補者が票の大部分を獲得しており，2 大政党制のような選挙が行われている．分布の左側を見ると，3 位以下の候補者の得票率が比較的高い選挙区もいくつもある．最も極端な例は 1996 年の衆院選における静岡 1 区で，8 名の候補者のうち上位 2 名の候補者の合計得票率は 40% に満たない．

　ここから，図 6.8 の右側に位置する上位 2 名の候補者の得票率が高い選挙区と，左側に位置する上位 2 名の候補者の得票率が低い選挙区を同じように取り扱っていいのかという疑問が生じる（Cattaneo et al. 2016）．上位 2 名の候補者の得票率が高い選挙区におけるカットオフは，米国の場合と同じように有効投票数の半数

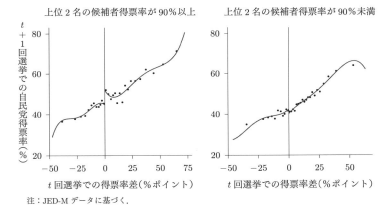

上位 2 名の候補者得票率が 90% 以上　　　上位 2 名の候補者得票率が 90% 未満

t回選挙での得票率差(%ポイント)　　　t回選挙での得票率差(%ポイント)

注：JED-M データに基づく.

図 6.9　上位 2 名の候補者の合計得票率を考慮した場合の
カットオフ付近でのジャンプ

である 50% に近い. 一方で上位 2 名の候補者の得票率が低い選挙
区での勝敗のカットオフは 30% と 25% の間に位置するかもしれ
ないし, 35% と 30% の間に位置するかもしれない. このように多
党制の選挙では選挙区ごとにカットオフの位置が異なることが多い
が, この章ではこれを考慮せずに解説を進めてきた.

　実際, 勝敗を決めるカットオフの違いを考慮すると分析結果に
も変化が生じる. 図 6.9 の左部は, t 回の選挙において上位 2 位の
候補者の得票率の合計が 90% 以上であった選挙区のみを対象と
して再分析を行った結果を示している. 図 6.4 とは異なり, 図 6.9
の左部ではカットオフで $t+1$ 回の自民党得票率にジャンプが見ら
れ, 介入群の選挙区では数 % ポイントほど自民党得票率が高い.
表 6.4 は同様のデータを使った推定結果であり, 党派的現職優位
効果の推定値は約 5% ほどと推定されている. 95% 信頼区間もゼ

表 6.4　上位 2 名の候補者の合計得票率を考慮した場合の推定結果

	結果変数：自民党候補者得票率	
	90% 以上	90% 未満
自民党現職選挙区	4.869 [1.111, 10.493]	−1.665 [−6.194, 2.317]
カットオフ未満の選挙区数	166	204
カットオフ以上の選挙区数	192	254

注：JED-M データに基づく．角カッコ内の数値は 95% 信頼区間を意味する．

ロをまたいでおらず，統計的にも有意な結果と言える．図 6.9 の
右部のグラフは上位 2 名の候補者の得票率の合計が 90% 未満の選
挙区のデータに基づく結果であるが，カットオフでのジャンプは見
られない．表 6.4 でもカットオフで自民党得票率に差がないこと
が確認できる．

5　応 用 例

　不連続回帰デザインは党派的現職優位効果だけでなく他のトピッ
クにも応用されている．候補者の党派性や属性が政策形成に与える
因果効果を調べた研究例を紹介する．

　Meyersson（2014)は，不連続回帰デザインを用いて親イスラム
政党が政策形成に与える影響を調べている．女性の権利保護に熱心
でない親イスラム政党政権が誕生すると宗教保守的な政策が推し
進められ，女性の社会進出が進まなくなる可能性がこれまで議論さ
れてきた．しかし，この仮説を実際に検証した研究は少ない．そこ
で，Meyersson は 1994 年のトルコ全土の市長選において親イスラ

ムの福祉党が躍進し，いくつもの市で福祉党市長が誕生したケースに注目した．この選挙で僅差で福祉党候補者が勝利した介入群の市と，僅差で世俗政党候補者が勝利した対照群の市において，2000年時点の若年女性の高校卒業率の比較を行った．不連続回帰デザインを用いた分析は，仮説とは逆の関係を示している．福祉党候補者が勝利した市では 2000 年時点で女性高校卒業率が 1 から 3％ポイントほど上昇しており，一方で男性の卒業率には影響が見られなかった．女性高校卒業率への影響は特に貧しい地域と宗教保守的な地域で大きいことも示されている．この結果の背後には，福祉党が学校でのヘッドスカーフ禁止を強制しなかったこと，そして有力なイスラム教団体と組んで保守派にとって望ましい教育施設の整備に取り組んだことで，特に保守的な地域での女性の教育参加のバリアが取り除かれた可能性がある．

Brollo and Troiano（2016)は，政治家の性別が政策や選挙結果に及ぼす影響を調べた．ブラジルで男女候補者が競う市長選において僅差で勝利した女性市長と僅差で勝利した男性市長の政策形成と再選確率を比較している．不連続回帰デザインによる分析によると，男性市長と比べて，女性市長は汚職への関与件数が少なくまた公務員として市民を雇用する数も少ない．政治献金の受け取り額や再選率も低い．一方で女性市長は連邦政府からの補助金獲得により成功しており，また公衆衛生の改善にも寄与している．これらの結果は，男性市長と比べて女性市長の質や業績は高い(補助金獲得と公衆衛生への寄与)が，再選を見据えての戦略的活動をあまり行わないこと(汚職や公務員雇用に不関与)を示唆している．その結果，女性市長と比べると男性市長の再選率が高くなっていると Brollo and Troiano は論じている．

さらに，得票率差ではない強制変数を使った研究例を2つ紹介する．1つ目は受給資格を強制変数として使った Crost et al. (2014)の研究である．国際援助機関は，開発援助を通じて貧困をなくせば紛争もなくなるというアイデアに基づき，紛争多発地域で開発援助プログラムを提供している．しかし，開発援助プログラムこそが紛争の元凶であるという分析結果を提示する研究もあり，「開発援助→紛争」の因果関係はよくわかっていない．開発援助プログラムの提供は政治的かつ経済的な理由で決まることが多く，プログラムを実施した地域と実施していない地域での紛争死者数などを比べても因果効果を明らかにすることができない．

そこで Crost らは，不連続回帰デザインを使ってフィリピンにおける地域コミュニティ主体の開発プログラムが紛争に与える影響を調べた．このプログラムでは，各自治体への資金援助の受給資格が貧困度によって決められた．具体的には，各県内で最も貧しい 25% の自治体は受給資格を持ち，残りの 75% の自治体は資格を得なかった．よって強制変数は相対的な貧困度となり，25% のカットオフの前後に位置する自治体における紛争死者数を比べることで，開発プログラムの因果効果を識別しようとした．Crost らの分析は，受給資格を得た自治体では紛争による死者数が増えたこと，特にプログラムの開始直後にその影響が大きく政府側の死者数が多かったことを示している．開発プログラムがうまくいって地域住民が政府を支持するようになることを恐れた反乱グループが意図的に開発プログラムの邪魔をしたのではないか，と Crost らは推測している．

2つ目はスポーツイベントの結果を強制変数として使った Bertoli (2017)の研究である．Bertoli は紛争発生の原因として，ナショナ

リズムの高まりに注目した．第2次世界大戦前のドイツや日本，あるいは1990年代のバルカン半島における紛争などでは国民のナショナリズムが高まった結果として他国民に対して攻撃的になり，その結果として紛争が起きたという説明がなされている．実際に「ナショナリズムの高まり→紛争発生」という因果関係を調べようとすると，交絡変数という壁が立ちはだかる．経済状況の悪化などさまざまな変数がナショナリズムや紛争発生に影響を与える可能性があり，それらの影響を考慮した上で介入群(ナショナリズムの高まった国)と対照群(ナショナリズムに変化がない国)の比較を行わなければならないのである．

　Bertoliはこの問題を乗り越えるために，スポーツイベントの勝敗がナショナリズムに影響を与えるというよく知られた関係を利用した．具体的には，サッカーにおけるワールドカップの最終予選の結果に注目し，ギリギリで予選を勝ち抜けた国ではナショナリズムが高まるので，その結果として国際紛争への関与数が増えるという仮説を立てた．ワールドカップの最終予選では複数のチームが総当たりで試合を行い，勝ち点の多い上位チーム(例えば上位2チーム)が本戦に進むことができる．2位と3位の勝ち点の差が1点だったとすれば，2位のチームはギリギリで予選を勝ち抜けたことになり，3位のチームはギリギリで負けたことになる．僅差で勝ち抜けたチームを介入群，ギリギリで負けたチームを対照群と見なしたのである．Bertoliによる分析の結果は，ギリギリで予選を勝ち抜いた国ほど予選の翌年以降数年間に渡って国際紛争への関与数が増えることを示しており，ナショナリズムの高まりが紛争の原因となるという仮説に対する間接的ではあるが重要なエビデンスを提示している．

第7章

偶然が引き起こす連鎖反応を利用する比較：操作変数法

　この章で取り扱う**操作変数法**(instrumental variable estimation)では，偶然が引き起こす変数間の「連鎖反応」(Angrist and Pischke 2015, 109)を使って介入群と対照群の比較を行う．連鎖反応の起点は，人間の操作が及ばない偶然性の強い状況で生み出される変数である．この変数を**操作変数**(instrumental variable, IV)と呼ぶ．5章で紹介した降雨量と投票率の関係を思い出してほしい．選挙当日の各地域の降雨量は人間が操作できない自然のメカニズムによって決まり，偶然に生み出された降雨量の違いが投票率に影響を及ぼす．では，降雨量の違いによって投票率が変化すると，その結果として特定の政党が得票率を伸ばすといった変化が生じるのだろうか？この例では，操作変数である降雨量が介入変数である投票率に影響を及ぼし，次に投票率が結果変数である政党得票率に影響を及ぼすという連鎖関係が想定されている．操作変数法では，いくつかの条件が満たされるのであれば，操作変数と介入変数の関係を用いることで，介入変数が結果変数にもたらす因果効果を明らかにできる．

　この章の議論と分析の一部は Kitamura and Matsubayashi (2021)に基づいている．

人間が操作できない外部の力によって偶然に生み出された変数を操作変数として利用することが多いので，操作変数法も自然実験の一部だと見なすこともできる．

1　投票率と選挙結果

2章で示したように，特に 2000 年代に入って日本では投票率が低下傾向にある．では投票率が低いことには何か問題があるのだろうか．投票する権利は有権者全体に平等に保障されており，その権利を行使するかどうかは各有権者の自由な意思に基づいて決定されている．投票の平等や自由が保障されている以上，たとえ投票率が低くてもそれは個人の選択の結果であり，仕方がないのかもしれない．加えて，投票率が高くても低くても選挙結果には実質的に大きな違いがないということも考えられる．例えば投票率が 50％ から 60％ に上昇したとしよう．もし追加で投票した有権者がもともと投票していた有権者と同じように投票先を選んだとしたら，最終的な政党得票率はあまり変化しない．

しかし実際には，投票率が低くなると一部の有権者グループが選挙結果に対して大きな影響力を獲得する一方で，他のグループが影響力を失うという重大な問題が生じる．ここでは，組織化された有権者と組織化されていない有権者の投票格差の役割を考えてみよう．「組織化される」とは候補者の後援会や政党組織に属していたり，特定の政党とつながりを持つ団体に属することを意味する．このような有権者は政党組織や利益団体からの投票依頼を受けることが多いし，また自分自身も強い党派性を持つので，毎回の選挙で必ず投票する可能性が高い．一方で，組織化されていない有権者の大

部分は党派性や支持政党を持たず，政治への関心も低い．また，投票依頼を受ける可能性も低い．このような有権者の投票参加は投票コストの大小に大きな影響を受ける可能性が高い．政党や候補者について調べるコストが大きかったり雨が降ったりすれば投票に行くのをやめてしまうだろう．よって，投票率が低くなれば投票者に占める組織化された有権者の比率が大きくなるのである．したがって，低投票率下では組織化された有権者の支持を受ける政党の得票率が高くなるが，高投票率下では組織化されていない有権者の投票選択次第ではそれらの政党の得票率が低下するかもしれない．

　この可能性を日本の選挙において具体的に検討してみよう．自民党，公明党，共産党といった政党はそれぞれ組織化された支持基盤を持ち，各党の得票率は投票率の増減に影響を受けるかもしれない．自民党の候補者は強固な後援会組織を持つことが多く，またさまざまな利益団体とのつながりも深い．森喜朗・元首相はかつて「無党派層は自民党に投票してくれないので投票日には寝ていてくれればいい」という発言をして批判を受けたが，この発言の背後には投票率が低くなれば自民党候補者が持つ組織票のおかげで相対的に得票率を増やせるという思惑があったのだろう．公明党と共産党は各地域に強固な組織と一定数の支持者を持っているが，支持基盤外での支持率はあまり高くない．

　そこで，投票率が増減するときに，自民党，公明党，共産党の得票率がどのように変化するのかを調べてみよう．投票率が低ければ組織票を持つこれらの政党の得票率は相対的に増えるかもしれない．一方で，投票率が高くなったときには組織化されていない有権者層が他の政党に積極的に投票するのであれば，これらの3つの政党の得票率は下がるかもしれない．そこで，投票率と自民党・公明

党・共産党の得票率はそれぞれ負の関係にあるという仮説を立てる.

　この仮説を検証するために, ある衆院選における選挙区単位の投票率と得票率のデータを収集したとしよう. 議論を簡単にするために, 投票率の高い介入群の選挙区と投票率の低い対照群の選挙区があったとする. 各群について平均の自民党得票率を計算したところ, 介入群と対照群の自民党得票率に差がないという結果が得られたとしても, この結果に基づいて「投票率と自民党得票率の間には因果関係はない」と結論づけるのは難しい. というのも投票率の高低以外にもさまざまな違いが介入群と対照群の間に存在するからである.

　重要なのは, 投票率にも自民党得票率にも影響を与えそうな選挙区の属性である. 例えば, 選挙区内の有権者の高齢率が上がるにつれて, 投票率と自民党得票率が高くなるという状況を考える. このとき, 投票率の高い介入群は高齢率も高いため, 自民党得票率が高くなる. 一方, 投票率の低い対照群は高齢率が低いため自民党得票率が低くなる. 投票率が高い選挙区で自民党得票率が低くなったとしても, この関係は高齢率が上がることによる自民党得票率の増加という関係で相殺されてしまう. 投票率や自民党得票率に影響を及ぼす可能性のある選挙区属性はいくつもあるので, それらの交絡変数の影響をすべて統制するのはほぼ不可能である. そこで, この壁を乗り越えるために操作変数法を使ってみる.

2　操作変数法の仕組み

　操作変数を Z_i, 介入変数を D_i, そして結果変数を Y_i と定義しよう. i は各有権者を意味する. 選挙当日に雨が多い地域に住んで

第1段階　　**第2段階**

操作変数 $\longrightarrow$ 介入変数 $\longrightarrow$ 結果変数
Z_i $\longrightarrow$ D_i $\longrightarrow$ Y_i

図 7.1　操作変数, 介入変数, 結果変数の関係

いれば $Z_i = 1$, 雨が少ない地域に住んでいれば $Z_i = 0$ とする. 降雨量は介入変数である投票参加($D_i = 1$ は投票, $D_i = 0$ は棄権)に影響を及ぼす. 投票日に雨が少ない地域では, 組織化されておらず投票する強い理由を持たない有権者も何割かは投票に行く. 逆に投票日に雨が多い地域では投票コストが上がるので, 組織化されておらず投票に行くかどうかを迷っていた有権者の多くは投票に行くのをやめてしまう. 降雨量という人間のコントロールが及ばないメカニズムに基づいて投票に行くかどうかが左右され, 天気がいいので投票参加する有権者群(対照群)と雨が多く天気が悪いので投票に行かない有権者群(介入群)が生み出されるのである. 降雨量の違いで投票参加の有無が変化するという関係を**第1段階**(first stage)の関係と呼ぶ. 最終的に, 投票参加した有権者がどの政党に投票したか(例えば自民党に投票したのであれば $Y_i = 1$, そうでなければ $Y_i = 0$ とする)を観察することで投票参加と投票先の関係を明らかにする. 投票参加と投票先の関係を**第2段階**(second stage)の関係と呼ぶ. 変数の関係を図 7.1 にまとめた. なおこの節では投票参加と政党投票を有権者レベルで測定しているが, 次節では自治体レベルの投票率と政党得票率を使って分析を行う.

　操作変数法を使った因果効果の推定では, 操作変数, 介入変数, 結果変数の関係について以下の 4 つの仮定が満たされる必要がある.

1. 操作変数と介入変数には(強い)関連がある.
2. 操作変数の変化に伴って起きる介入変数の変化は一方向のみである.
3. 操作変数の状態はほぼ無作為に生成されている.
4. 操作変数は介入変数の変化を通じてのみ結果変数に影響を及ぼす.

　降雨量, 投票参加, 自民党への投票の関係を使って, 各仮定が意味するところを順に説明していく. 1番目の仮定は降雨量と投票参加が実際に連動しているかどうかに関するものであり, 降雨量が増えると投票参加を取りやめる有権者が数多くいるのであればこの仮定が満たされる. 実際, 5章で示したように, 降雨量が増えると投票率が低下するという強い負の関係があることがわかっている.

　2番目の仮定を理解するためには, 降雨量が変化したときに有権者がどのような反応を示すかを考えることが必要になる. 有権者は, 雨が降っても降らなくても常に投票する(常時投票者), 雨が降っても降らなくても投票しない(常時棄権者), 雨が降れば投票しない(散発的投票者), 雨が降れば投票する(反逆者)という4種類のうちのどれかの反応を示すと考えられる. 表7.1は潜在的結果に基づいて, これら4種類の有権者を分類している.

　4種類の有権者のうち, 降雨量が少なければ投票するし($D_i(0)=1$), 降雨量が多ければ投票しない($D_i(1)=0$)という散発的投票者の存在が重要になる. 前述したようにこのタイプの有権者は組織化されていなくて選挙にあまり関心がない人たちであると想定できる. 操作変数の状態によって行動を変える人を**遵守者**(complier)と呼ぶ. 操作変数法は遵守者の情報を使って因果効果を推定する方法

表7.1　4種類の有権者

種　　類	降雨量少	降雨量多
常時投票者	$D_i(0)=1$	$D_i(1)=1$
常時棄権者	$D_i(0)=0$	$D_i(1)=0$
散発的投票者(遵守者)	$D_i(0)=1$	$D_i(1)=0$
反逆者	$D_i(0)=0$	$D_i(1)=1$

と言ってもいい．一方で，雨が降っても降らなくても行動を変えない常時投票者や常時棄権者の情報は役立たない．さらに，2番目の仮定は降雨量が少なければ投票しないし($D_i(0)=0$)，降雨量が多ければ投票する($D_i(1)=1$)というどちらかといえば天の邪鬼な人，つまり反逆者が存在しないことを求めている．以下の分析ではこのような反逆者は存在しないと想定する．この仮定は**単調性の仮定**（monotonicity assumption）と呼ばれることもある．

　3番目の仮定は，操作変数である降雨量が，投票参加や投票方向に影響を与えそうな他の要因と関連せず独立して決まっていることを意味している．投票参加や投票方向に影響を与えそうな要因として，選挙の接戦度の役割を考えてみよう．現実には考えにくいが，選挙が接戦の地域で降雨量が少なくて，非接戦の地域で降雨量が多いという状況が生じたとする．この場合，雨が少なくて投票に行ったのか，接戦度が高くて投票に行ったのか区別ができなくなる．このような可能性を排除するために，3番目の仮定は大切になる．操作変数の状態が無作為に割り当てられる状況や，あるいは人間のコントロールが及ばない自然のメカニズムによって割り当てられる状態においては，この仮定の妥当性が増す．というのも，地域や選挙区の特徴とは関係なく操作変数の状態が決まるからである．降雨量

という操作変数はこの条件に当てはまる.

　4番目の仮定は変数間の因果メカニズムの問題と関連している.
ここまでの設定では降雨量が変化すれば投票参加の有無が変化する
有権者がいて, この有権者が最終的に自民党に投票するかどうかを
考えている. 選挙当日の降雨量が変化することで, 有権者の党派性
や心情などに変化が生じる可能性は考えていない. 例えば, 雨が降
ると何らかの理由で急に自民党が好きになる有権者が存在するとし
よう. このとき, 雨が多く降った地域では自民党支持者が急に増え
て, その地域では散発的投票者による行動とは関係なく常時投票者
の中で自民党に投票する人が増加することになる. しかし, 降雨量
の変化が党派性や投票方向に影響を及ぼすとは現実的には考えにく
いので, 降雨量の変化は唯一散発的投票者の投票参加に影響を及ぼ
し, それが自民党得票率に影響を及ぼすと仮定する[1].

　次に, 投票参加が自民党得票に与える因果効果を以下のように定
義する.

$$\tau = E[Y_i(1) - Y_i(0)|D_i(0) = 1, D_i(1) = 0] \qquad (7.1)$$

この τ は $D_i(0) = 1$ と $D_i(1) = 0$ という条件を満たすときの潜在的
結果の比較をしている. この条件は表7.1における散発的投票者,
つまり操作変数の状態によって行動を変える遵守者を意味してい
る. つまり, 雨が降ることで投票参加の有無が変化するという関
係に注目した因果効果の定義となっている. 一方で, この定義では
常時投票者や常時棄権者の情報は考慮されていない. さらに, 仮定
2から, 反逆者は存在しないと想定している. よって, 操作変数法

---

1)　Horiuchi and Kang（2018）は雨が降ることで有権者のリスク選好が変
化し, それが得票率に影響を及ぼす可能性に言及している.

で明らかにできるのは，降雨量の増減に伴って投票確率に変化が起きるような有権者がどれだけ自民党に投票するのかという関係であり，そのため τ は局所平均介入効果(Local Average Treatment Effect, LATE)と呼ばれる．

式(7.1)で定義された因果効果は，4 つの仮定が満たされているときに以下の式で識別できる．

$$\tau = \frac{E[Y_i|Z_i=1] - E[Y_i|Z_i=0]}{E[D_i|Z_i=1] - E[D_i|Z_i=0]} \tag{7.2}$$

分子は操作変数と結果変数の関係を意味しており，降雨量の多い地域と少ない地域の自民党得票率を比べている．分母は第 1 段階である操作変数と介入変数の関係を意味しており，降雨量の多い地域と少ない地域の投票率を比べている．仮定 1 から $E[D_i|Z_i=1] - E[D_i|Z_i=0]$ が 0 である可能性は排除している．式(7.2)は，介入変数が結果変数に与える因果効果を，操作変数と結果変数の関係と操作変数と介入変数の関係の比として表せることを示している．式(7.2)を使って式(7.1)で定義した因果効果を識別できる理由についてはコラムを参照してほしい．

●**式(7.2)を使って式(7.1)で定義した因果効果を識別できる理由**　まず式(7.2)の分母に注目する．4 つの仮定のもとでは，$E[D_i|Z_i=1] - E[D_i|Z_i=0]$ は $(-1) \times P[D_i(0)=1, D_i(1)=0]$ と書くことができる．これは，第 1 段階の関係が全有権者に占める遵守者の割合を推定していることを意味する．これと式(7.1)を使って，式(7.2)を以下のように書き換える：

$$\begin{aligned}
&E[Y_i|Z_i=1] - E[Y_i|Z_i=0] \\
&= (-1) \times P[D_i(0)=1, D_i(1)=0] \\
&\quad \times E[Y_i(1) - Y_i(0)|D_i(0)=1, D_i(1)=0] \tag{7.3}
\end{aligned}$$

式(7.3)で示される関係が実際に成立するのかを確認してみる．仮定3のもとで左辺は以下のように書ける．

$E[Y_i|Z_i=1]-E[Y_i|Z_i=0]$

$=E[D_iY_i(1)-(1-D_i)Y_i(0)|Z_i=1]-E[D_iY_i(1)-(1-D_i)Y_i(0)|Z_i=0]$

$=E[D_i(1)Y_i(1)-(1-D_i(1))Y_i(0)|Z_i=1]$

$\quad -E[D_i(0)Y_i(1)-(1-D_i(0))Y_i(0)|Z_i=0]$

$=E[D_i(1)Y_i(1)-(1-D_i(1))Y_i(0)]-E[D_i(0)Y_i(1)-(1-D_i(0))Y_i(0)]$

$=E[(D_i(1)-D_i(0))(Y_i(1)-Y_i(0))]$ (7.4)

表7.1でまとめた4種類の有権者の存在を考慮に入れると，式(7.4)を以下のように書き換えることができる：

$E[(D_i(1)-D_i(0))(Y_i(1)-Y_i(0))]$

$=P[D_i(0)=1,D_i(1)=0]\times E[-1\times(Y_i(1)-Y_i(0))|D_i(0)=1,D_i(1)=0]$

$\quad +P[D_i(0)=1,D_i(1)=1]\times E[0\times(Y_i(1)-Y_i(0))|D_i(0)=1,D_i(1)=1]$

$\quad +P[D_i(0)=0,D_i(1)=0]\times E[0\times(Y_i(1)-Y_i(0))|D_i(0)=0,D_i(1)=0]$

$\quad +P[D_i(0)=0,D_i(1)=1]\times E[1\times(Y_i(1)-Y_i(0))|D_i(0)=0,D_i(1)=1]$

(7.5)

となる．P ではじまる項は各種類の有権者の割合を意味しており，上から散発的投票者，常時投票者，常時棄権者，反逆者の割合となっている．また，散発的投票者は $D_i(1)-D_i(0)=-1$，常時投票者は $D_i(1)-D_i(0)=0$，常時棄権者は $D_i(1)-D_i(0)=0$，そして反逆者は $D_i(1)-D_i(0)=1$ であることを利用している．この式の3行目と4行目の常時投票者と常時棄権者に関する項には0が含まれており，さらに仮定2より反逆者はいないと仮定する．

よって，式(7.4)と式(7.5)から

$E[Y_i|Z_i=1]-E[Y_i|Z_i=0]=E[(D_i(1)-D_i(0))(Y_i(1)-Y_i(0))]$

$=P[D_i(0)=1,D_i(1)=0]\times(-1)\times E[(Y_i(1)-Y_i(0))|D_i(0)=1,D_i(1)=0]$

となり，式(7.3)が成立することが確認できる．

　ここまでは，操作変数や介入変数がダミー変数であるという状況のもとで操作変数法の概略を説明してきた．このような状況では，式(7.5)における期待値を標本平均に置き換えれば因果効果の測定が可能になる．しかし，操作変数や介入変数が連続的な値をとる場合や，操作変数が複数あるような場合には式(7.5)を使うことができない．そこで，操作変数法を使った多くの分析では式(7.5)の代わりに **2 段階最小二乗法**(two-stage least squares, 2SLS)という手法が用いられる．この手法ではまず第 1 段階の関係を以下の回帰式で推定する．

$$D_i = \alpha_0 + \alpha_1 Z_i + e_i \tag{7.6}$$

この式における e_i は誤差項を意味する．α_0 と α_1 を最小二乗法を用いて推定し，さらにそれらの推定値と Z_i のデータを使えば D_i の予測値である $\hat{D}_i$ を求めることができる．次に，$\hat{D}_i$ を使い第 2 段階の関係を推定する．

$$Y_i = \beta_0 + \beta_1 \hat{D}_i + u_i \tag{7.7}$$

この式における u_i は誤差項を意味する．

　操作変数と介入変数がダミー変数のときには，式(7.7)における β_1 は式(7.2)における右辺の比と一致する．2 段階最小二乗法を用いた推定では，式(7.6)で複数の操作変数を使用することが可能であるし，また式(7.6)と式(7.7)の両方で統制変数を含めることも可能となる．次節の分析では連続変数である降雨量を用いるので，2 段階最小二乗法を用いた推定を行う．

3　投票率が政党得票率に与えた因果効果の 推定

　操作変数法と市区町村レベルのデータを使って，投票率が政党得票率に与える影響を推定してみよう．データは 5 章で使用した 2017 年の衆院選における日本全国の約 2000 の市区町村の降雨量，投票率，そして政党得票率である．この選挙における台風の影響についての詳細は 5 章を見てほしい．操作変数が降雨量，介入変数は投票率，そして結果変数は自民党得票率，公明党得票率，そして共産党得票率である．得票率として，比例代表選挙での市区町村別の政党得票数を有効投票総数で割って 100 をかけた数値を用いる．

　はじめに操作変数を用いずに投票率と各政党得票率の関係を見てみよう．表 7.2 の OLS と書かれた列では投票率と各政党得票率の関係を回帰分析によって推定した結果を示している．自民党と共産党の得票率に関しては，係数は 0 に近い数値となっており統計的にも有意ではない．一方，列(3)を見ると係数が負の値となっており，投票率が上がると公明党得票率が下がるという関係が見られる．

　次に操作変数法を用いて投票率と各政党投票率の関係を推定してみよう．まず確認すべきは第 1 段階である降雨量と投票率の関係である．降雨量と投票率の関係を推定した 5 章の表 5.1 を見てほしい．5 章で議論したように，2017 年選挙では選挙当日の悪天候の影響の大小は地域単位で決まっていたため，都道府県固定効果を投入した列(3)の結果に注目しよう．推定結果によると，降雨量が 1 mm 増加するごとに投票率が 0.044% ポイント減少するという結

表 7.2 OLS と IV による回帰分析の推定結果

	自民党得票率(%)		公明党得票率(%)		共産党得票率(%)	
	(1) OLS	(2) IV	(3) OLS	(4) IV	(5) OLS	(6) IV
選挙日投票率(%)	−0.016 (0.033)	−0.288 (0.253)	−0.072 (0.022)	−0.351 (0.187)	−0.001 (0.011)	0.200 (0.113)
都道府県固定効果	あり	あり	あり	あり	あり	あり

注：データは Kitamura and Matsubayashi(2021)に基づく．1892 の市区町村を対象としている．カッコ内の標準誤差は県レベルでクラスター化されている．

果になっている．推定値は 1% 水準で有意である．また回帰式の右辺に含まれる変数(ここでは操作変数である降雨量と統制変数である都道府県固定効果)が投票率の変動をどれだけ説明できているか示す指標として F 値という情報(統計量と呼ぶ)を使うことが多い．回帰式の右辺の変数が投票率と強い関係を持っているのであれば，F 値は大きくなる．表 5.1 では示していないが，列(3)の回帰式の F 値は約 30 であった．これは十分に大きく，操作変数と介入変数には非常に強い関係があることを示唆している[2]．

表 7.2 の IV と書かれた列では，操作変数法による推定結果を示している．推定には 2 段階最小二乗法を使用し，都道府県固定効果が推定式に含まれている．選挙日投票率に関する推定値のみを示し，交絡変数である都道府県固定効果の推定値は省略している．推定結果によると，投票率が 1% 上昇すると自民党得票率は約 0.3% ポイント減り，公明党得票率は 0.35% ポイント減ることがわかる．

---

2)　F 値の大きさを判断する際には，F 値が 10 以上かどうかを基準として使うことが多い．ただし，より大きな数値を基準値として用いるほうが望ましいと指摘する研究もある(Lee et al. 2020)

一方で，共産党得票率は 0.2% 増えることが示されている．ただし，各推定値とも 5% レベルでは有意ではない．なお，OLS と IV の推定結果を比較してみると，それぞれの係数の値が大きく異なることがわかる．

いずれの推定値も統計的に有意でないため，実質的な解釈を行うのはむずかしい．ただ，公明党に関する結果は「投票率が上がると組織票に頼る政党の相対的な得票率が低下する」という仮説と整合的に見える．また，共産党に関しては投票率の上昇とともに得票率も増加するという関係が見られる．組織化されていない有権者は相対的に貧しく，投票に行った際には共産党のような左派政党を支持するというメカニズムが考えられるが，この解釈はいくつもの仮定に基づいていることに注意が必要である．

操作変数法による推定結果が介入変数の因果効果を正確に識別できているかどうかは，前節で示した仮定が満たされているかどうかに依存する．操作変数と介入変数には(強い)関連があるという仮定 1 はデータを用いて検証することができ，実際，5 章の表 5.1 の分析結果からこの仮定が満たされていることがわかる．一方で仮定 2 から 4 はデータを通じた検証が不可能なので，現実の選挙において各仮定が想定する状況にどれだけ妥当性があるかを検討する必要がある．仮定 2 は雨が降れば投票に行くのをやめる有権者が存在する一方で，投票に行きたくなるという有権者が存在しないことを想定している．平均的な有権者像を考えてみると，そのような想定は妥当だろう．仮定 3 については，操作変数として人間のコントロールがほとんど及ばない降雨量を使っていて，各市区町村の降雨量がある程度は無作為に決まっていると見なして問題ないだろう．よって操作変数が他の変数と関連している可能性は低い．しかし，

5章で見たように，今回は台風という事例を使っており降雨量には地域差が大きい．よって地域差の影響を統制することは重要かもしれないので，操作変数を用いた表7.2の推定では統制変数として都道府県固定効果を含めている．最後に，仮定4は降雨量が投票率のみを通じて政党得票率に影響を及ぼすことを求めているが，選挙当日の降雨量が有権者の支持政党や政策選好を急激に変えるとは考えにくく，他の経路が存在する可能性は低い．

4 応 用 例

　この節では操作変数法を用いた研究例を3つ紹介したい．1番目は難民が流入した地域では難民に対して住民がより敵対的な態度を示すようになるのかを調べた Hangartner et al.（2019）の研究である．世界的に移民や難民が増えている中，ヨーロッパや米国では移民や難民の受け入れに対する反発が起きたり，移民排斥を訴える極右政党への支持が高まったりしている．では，この「移民・難民の受け入れがその国の住民の反発を生み出す」というストーリーは本当に因果関係として捉えていいのだろうか．2章で少し述べたように，移民や難民は自分たちを受け入れてくれそうな地域を移動先として選ぶ可能性が高いので，移民や難民に友好的な態度を示す住民が多い地域ほど結果的に移民や難民を受け入れるという逆の因果関係が存在するかもしれない．

　Hangartner らは，この問題を回避するために操作変数法を使っている．2015年から2016年にかけてのヨーロッパでの難民危機に注目して，ギリシャへの難民の流入がギリシャの人々の態度を変化させたのかを推定した．調査対象となったのはギリシャ国内のエ

ーゲ海の島々の住民たちである．2015 年以降，これらの島々はト
ルコから海を渡ってやってくる難民たちの到着地となっていた．そ
こで各島における難民到着の有無を介入変数とし，それが各島の住
民の難民・移民政策に関する意見やイスラム教徒への態度にどのよ
うな影響を及ぼしたかを調べた．介入群は難民到着ありの島々，対
照群は難民到着なしの島々である．難民到着先の住民の意見や態度
は世論調査を通じて測定されている．各島における難民到着の有無
は難民自身の選択によって決まっているかもしれないので，介入群
と対照群の住民の特徴には違いがある可能性がある．Hangartner
らは特にトルコと距離の近い島々ほど多くの難民がやってきたこと
に着目して，トルコと各島の距離を操作変数として推定を行った．
変数間の関係をまとめると，

　　操作変数：トルコ沿岸部とギリシャの各島との距離 →
　　介入変数：難民流入の有無 →
　　結果変数：難民に対する各島住民の態度

となる．トルコ沿岸部からギリシャ各島への距離は各島の社会的特
徴などと関連している可能性は低く(仮定3)，またトルコと各島の
距離が他の経路を通じて島の住民たちの態度に影響を及ぼしている
可能性も低い(仮定4)．距離が遠くなるほど到着する難民の数が少
ないという強い関係も見られ(仮定1)，距離が遠い島を難民が積極
的に選ぶという可能性はほとんどない(仮定2)．よってトルコ沿岸
部とギリシャの各島との距離は操作変数としては理想的であると言
える．操作変数法を用いた推定の結果，難民が到着した島の住民は
難民や移民受け入れをより制限する政策を支持し，またそのような

政策を実現するための行動を積極的に取りたいと考える傾向にあることを示している.

2番目は民族間の紛争が起きたあとの住民の反応を調査したHager et al.（2019）の研究である.民族間の暴力的紛争が発生したときに,その地域の住民は他者との関係性をどのように変化させるのだろうか.直感的には,対立する外集団に対してはより非協調的・敵対的に,そして自分が属する内集団にはより協調的になると予測できる.この予測においては介入変数が各地域における民族間の紛争の有無,そして結果変数が各地域における他者との協調性となる.ここでも,逆の因果関係の可能性が因果効果の識別を難しくする.ある地域において外集団との協調性が低かったり内集団内での協調性が高ければ,暴力的紛争が起きる可能性が高いだろう.つまり,紛争が発生した介入群の地域はもともと外集団との協調性が低い一方で内集団の協調性が高く,紛争が発生していない対照群の地域はもともと外集団との協調性が高いが内集団の協調性が低い,という差があるかもしれない.

Hagerらは,操作変数法を使ってこの問題を解決しようと試みた.2010年にキルギスタンのオシで発生したキルギス人とウズベク人の間の紛争に着目し,一部のキルギス人による暴動で被害を受けたウズベク人の協調行動の程度を推定した.調査対象となったのは2017年時点でオシに居住するウズベク人で,暴動が激しく被害が大きかった地域に住む人々を介入群,被害が少なかった地域に住む人々を対照群と定義した.暴動に関わったキルギス人は無作為に暴力行為の対象を選んだわけではないと考えられるので,介入群と対照群の地域の特徴には違いがあるかもしれない.そこで,ウズベク人側の被害の大きさの有無を説明する操作変数として近隣の軍

事施設からの距離を用いている．暴動に関わったキルギス人の一部は近隣の軍事施設から兵員輸送装甲車を盗み出し，それを使ってウズベク人が各地域に築いた強固なバリケードを壊そうとした．つまり，軍事施設から近い地域では兵員輸送装甲車が使われた結果としてバリケードが破壊され被害が大きくなり，一方で遠い地域では兵員輸送装甲車が存在せずバリケードが破壊されなかったため被害が少なかったという関係があったのである．変数間の関係をまとめると，

　　　　操作変数：軍事施設と各地域との距離 →
　　　　介入変数：暴動による破壊の有無 →
　　　　結果変数：外集団と内集団に対する態度，協調行動の有無

となる．実際，軍事施設の距離と暴動による破壊の有無には強い関連があり(仮定1)，施設との距離が遠いほど暴動の被害者になるウズベク人がいたとは考えにくい(仮定2)．さらに，軍事施設との距離はオシ周辺の村の住民の協調行動とは関連しておらず，他の経路を通じて結果変数に影響を及ぼした可能性は低い(仮定4)．最後に，軍事施設との距離と結果変数に影響を及ぼしそうな各地域の社会経済的属性変数には関連が見られない(仮定3)．操作変数法を用いた推定結果によると，暴動による破壊を受けた地域の住民は外集団と内集団の両方に対して協調行動をとらなくなったことが示されている．外集団についての結果は予想通りであるが，内集団についての結果は反直感的である．Hager らは内集団のメンバーへの協調行動が減った理由として，暴動後に隣国のウズベキスタンが，逃げようとしたオシのウズベク人の受け入れを拒んだこと，そして他のウ

ズベク人ではなく自分たちが意図的にターゲットとして選ばれたと
疑念を抱いていることの2つのメカニズムを提示している.

　3番目は補助金配分と犯罪率の関係を調査した原田とスミスの研
究である(Harada and Smith 2021). 政治家が特定の地域への補助金
の配分を行うことを通じて選挙での票の見返りを期待する利益誘導
型の政治は, 程度の差こそあれ, 世界各地の民主社会で観察される
現象である. 特に日本では都市部と地方部の一票の格差が大きく,
有権者1人あたりの議席数が多い地方の選挙区には補助金がより
多く配分されていた. その中には非効率的に思われる目的に補助金
が使われた例もあったことから, 補助金配分を否定的に捉える議論
が多い. 一方で, 原田とスミスは補助金配分は貧しい住民の雇用や
収入を保障することで犯罪を減らすという正の側面もあった可能性
を指摘している. この可能性の検証には, 各地域の補助金受取額の
大小が犯罪率に与える因果効果を推定することが必要である. しか
し, ここでも逆の因果関係が問題となる. 補助金受取額が多い地域
はそもそも経済状況が悪く犯罪率が高いかもしれない. この場合,
補助金受取額の多い介入群と少ない対照群には過去の経済状況や犯
罪率に差がある可能性があり, そのため補助金受け取りの因果効果
を識別することが難しくなる.

　そこで, 原田とスミスは1990年代の選挙制度改革による一票の
格差の是正を操作変数として利用した. 1994年の公職選挙法の改
正を経て, 衆院選の選挙制度は中選挙区制から小選挙区比例代表
並立制に変更された. この際に地域間の一票の格差が是正され, 小
選挙区比例代表並立制の下での1996年の選挙では有権者1人あた
りの議席数が選挙区間でかなり平等に配分されることとなった.
実際, 堀内と斎藤が示しているように, 有権者1人あたりの議席

数が増えた自治体では補助金受取額も増加した(Horiuchi and Saito 2003). 原田とスミスはこの関係を第 1 段階として用い, 補助金配分が犯罪率に与えた因果効果を識別しようとしたのである. ここで重要なのは, 有権者 1 人あたりの議席数の変更は機械的に行われたということである. 議員などが特定の地域を利するために選挙区割りに影響を及ぼした可能性は低い. よって, 操作変数が犯罪率に影響しそうな他の変数と関連する可能性や, また他の経路を通じて犯罪率に影響を与えた可能性は低い. 変数間の関係は

　　操作変数：有権者 1 人あたりの議席数の変更 →
　　介入変数：補助金の配分額 →
　　結果変数：犯罪率

である. 分析の結果は補助金受取額と犯罪率は負の関係を持つことを示唆しており, 過去数十年にわたる日本の犯罪率の低さは補助金配分が抑制装置として働いていたからではないかと原田とスミスは論じている.

第 **8** 章

・・・

経時的変化を利用する
比較：差の差法

　この章で紹介する**差の差法**(Difference-in-Differences, DID)は，介入変数の割り当てが発生するメカニズムにはさほど注意を払わない．そのため，これまでに紹介してきた4つの研究デザインとは異なる特徴を持つ．差の差法では，ある時点において何らかの介入が開始された介入群(例えば新しい政策が導入された自治体群)と，同じ時点においてそのような介入が起きなかった対照群を研究対象とする．まず，介入群と対照群それぞれについて介入が起きる前後の比較を行う(前後比較)．もし介入変数が結果変数に因果効果を与えたのであれば，介入群では結果変数に変化が観察されるが対照群ではそのような変化が見られないはずである(横断比較)．加えて，介入群に含まれる自治体や国が1つ(あるいはごく少数)の場合に利用することができる**合成統制法**(Synthetic Control Method, SCM)の概要も紹介する．合成統制法は特に少数の歴史事例に注目して因果推論を行いたいときに役に立つ．

　この章の議論と分析の一部は松林・上田(2012)に基づいている．

1　女性の政治参入

　日本における女性の政治進出は遅れている．国会や自治体議会に占める女性議員の比率は増加しているが，2020 年時点で衆議院，都道府県議会，町村議会では女性議員は全体の約 10% を占めるのみである．比較的割合の高い参議院や東京都の特別区議会でも女性議員の比率は約 4 分の 1 ほどである．なぜ日本で女性の政治進出は低調なのだろうか．これには 3 種類の説明が可能である．1 番目は，有権者がどのような議員を選ぶのかという需要サイドの説明である．高齢の世代を中心として，有権者の何割かは「政治は男性が取り組むべき仕事であり，また男性の方がその仕事に適している」というような性別役割分担意識を持っている．そのため，同じような能力や経歴を持つ男女の候補者がいても，性別役割分担意識を持つ有権者は男性候補者を優先して選ぶ可能性が高い．この結果，女性候補者が選挙で勝てず，女性議員の割合があまり増えないのである．

　2 番目は，誰が立候補して議員になろうとするのかという供給サイドの説明である．日本の中高年の女性は性別役割分担意識が強い時代に育ってきたため，政治家になることやそのための能力があると考えたことがないかもしれない．政治に参入する意欲を持っていたとしても，選挙活動に必要と思われる資源の欠如を理由に立候補を諦める女性もいるだろう．一般的に男性に比べ女性は経済的立場が弱く，また職業を持たない女性は社会的ネットワークの広がりに限りがある．加えて，育児や家事に時間を多く割く必要もある．経済的・社会的資源の不足や時間的制約は女性の立候補や当選に必要

なコストを上げるので，女性候補者や議員の割合が増えないのである．

　3番目は，需要サイドや供給サイドの影響力を左右すると考えられる制度的環境である．例えば，女性に一定数の候補者枠や議員枠を与えるクオータ制を導入したとしよう．女性議員が増えた結果として，「女性議員は能力も高く男性議員と比べても遜色がない働きぶりだ」と認識する有権者が増えるかもしれない．この結果，需要サイドに変化が起きて，選挙において女性が不利な扱いを受けることが少なくなるのである．日本ではこのような制度環境が整っていないため，女性候補者や議員の割合が増えないのである．

　供給サイドの影響力も制度的環境によって異なるだろう．その例として，日本の地方議会選挙における当選必要票数の役割に注目する．自治体の人口規模が小さい場合には，候補者は数十票から数百票を獲得できれば当選できる．そこで，候補者の多くは政党に属さない無所属候補者として立候補し，自身の資源や地縁・血縁を用いた選挙活動を行うことにより，当選に必要な票数を確保しようとする．有権者も個人的つながりを通じた依頼に基づいて候補者を選ぶだろう．このような選挙では，男性に比べ意欲や個人的資源に欠ける女性は立候補をためらう可能性が高い．加えて，地縁や血縁といった伝統的なつながりを重視するような状況では，性別役割分担意識が強い有権者が多いかもしれない．立候補したとしても，選挙活動に必要な資源に欠ける女性は当選に必要な票数を確保できない可能性もある．よって，当選必要票数が少ない自治体では女性候補者や議員の比率が低くなると予測できる．

　自治体の人口規模が大きくなり当選に必要な票数が増えると，政党の役割が増し女性の不利な立場は解消されるかもしれない．地方

自治法の規定のため，人口が増えても議席数が大きく増えることはない．そのため，当選必要票数は必ず増加する．その結果，集票活動では個人の資源に加えて政党の組織力やブランド名が重要になる．候補者は，政党ラベルを用いて有権者の情報コストを下げ，同じようなイデオロギーを持つ有権者の支持を得ることができる．また，有権者数が増えれば個人的なネットワークに頼らない組織的な集票活動が重要になる．当選票数が増えたとしても，男性の場合は個人的な資源やネットワークを使って必要な票数を確保できる可能性がある．一方で，そのような資源を持たない女性は，政党ラベルや組織的集票活動を活用することができると知れば立候補を決断するかもしれない．政党側も，潜在的な女性候補者を勧誘することによって立候補の機会を提供できる．よって，当選必要票数が多い自治体では女性候補者や議員の比率が相対的に高くなると予測できる．

　この仮説を検証するために，当選必要票数が多い自治体を介入群，そして当選必要票数が少ない自治体を対照群と見なして，各群の女性候補者・議員の割合を比較したとしよう．しかし，このような単純な比較では因果効果を識別することはできない．例えば，当選必要票数が多い介入群には人口規模が大きい都市部の自治体が多く含まれるかもしれない．これらの自治体では性別役割分担意識を持たない比較的若い有権者が多く，結果として女性が立候補や当選をしやすいのかもしれない(需要サイドの説明)．また，そのような比較的若い有権者の中には政治参入を積極的に考える高学歴や有職女性が多いこともありえる(供給サイドの説明)．よって，対照群に比べて介入群の女性候補者・議員の比率が高いとわかったとしても，この差が当選必要票数という制度的理由によるものなのか，あるいは供給や需要を原因とするのかは判断ができない．そこで，需

要サイドや供給サイドの要因の影響を取り除いた上で，当選必要票数が与える因果効果を識別するための研究デザインが必要となる．

2 差の差法の仕組み

差の差法の仕組みを見ていこう．自治体 i における $t1$ 年と $t2$ 年の議会選挙での女性候補者の比率をそれぞれ $Y_{i,t1}$ と $Y_{i,t2}$ と定義する．さらに，介入変数 D_i は合併経験の有無を意味し，ある期間中に合併を行う自治体は $D_i = 1$，合併を行わない自治体は $D_i = 0$ と定義する．すべての合併は $t1$ 年と $t2$ 年の間に起こったとする．$D_i = 1$ の自治体を介入群，$D_i = 0$ の自治体を対照群とする．

議会選挙での女性候補者の比率である $Y_{i,t1}$ と $Y_{i,t2}$ は自治体 i における女性候補者数を全候補者数で除して 100 をかけた値である．介入群の $Y_{i,t1}$ の求め方については注意が必要である．これは自治体 i で合併が起こる前の女性候補者の割合を意味しているが，例えば 3 つの自治体 S, T, U が合併して新しい自治体 W を形成したとすれば $t1$ 時点での W における女性候補者比率は以下の方法で計算できる．

$$\frac{S \text{ の女性候補者数} + T \text{ の女性候補者数} + U \text{ の女性候補者数}}{S \text{ の総候補者数} + T \text{ の総候補者数} + U \text{ の総候補者数}}$$

(8.1)

つまり合併後の自治体 W を単位として，分子分母とも合併前の 3 つの自治体における女性候補者数と全候補者数を足し合わせて求めている．合併後は 1 つの地域になっているので，$Y_{i,t2}$ は対照群と同じように求めることができる．

図 8.1 は介入群と対照群それぞれの $Y_{i,t1}$ から $Y_{i,t2}$ への変化を示

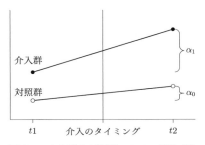

図 8.1 介入群と対照群における経時変化

している．各群の女性候補者比率の変化は

$$\alpha_1 = E[Y_{i,t2}|D_i = 1] - E[Y_{i,t1}|D_i = 1]$$
$$\alpha_0 = E[Y_{i,t2}|D_i = 0] - E[Y_{i,t1}|D_i = 0]$$

と書くことができる．さらに，α_1 と α_0 の差を求めよう．

$$\tau = \alpha_1 - \alpha_0$$
$$= (E[Y_{i,t2}|D_i = 1] - E[Y_{i,t1}|D_i = 1])$$
$$-(E[Y_{i,t2}|D_i = 0] - E[Y_{i,t1}|D_i = 0]) \tag{8.2}$$

この τ を使えば合併が女性候補者比率に与える因果効果を明らかにできる．

　なぜ前後比較を通じて介入群と対照群それぞれの差分を求め，さらに 2 つの差分の横断比較を行うのだろうか．介入群の自治体を対象として，合併前と合併後の結果変数の前後比較を行うだけ（つまり α_1 を計算するだけ）でも十分ではないだろうか．この方法がうまくいかない理由は，結果変数が持つトレンド(trend)の影響を取り除けないことにある．図 8.1 では $t1$ から $t2$ にかけて Y_i が α_1

のぶんだけ増加しているが，この増加は日本全体における女性候補者の増加というトレンドと，合併による女性候補者の増加という2つの変化を同時に反映している可能性がある．実際，図8.1の対照群では合併がないにもかかわらず，$t1$ から $t2$ にかけて女性候補者の比率が α_0 ほど増加している．そこで対照群における結果変数の変化を使って国全体でのトレンド α_0 を求め，それを使って介入群の結果変数の変化のうちトレンドを反映している部分を取り除くこと(つまり $\alpha_1 - \alpha_0$)で，合併が女性候補者比率に与える影響(τ)を識別しようとしているのである．

　結果変数の持つトレンドをうまく取り除けているかどうかは平行トレンド(parallel trends)仮定が満たされているかによる．図8.2の $t1$ と $t2$ の間の変化を見てほしい．介入群については $t1$ と $t2$ の間に介入があった(つまり実際に合併が起きた)場合の結果を実線で，そして介入がなかった(つまり合併がなかった)場合の反事実に基づく結果を破線で示している．合併が起きなかった場合，介入群の女性候補者比率の変化と対照群の女性候補者比率の変化は α_0 であり，対照群と平行に推移している．もし介入がない状態での介入群のトレンドと対照群のトレンドが同一であれば，平行トレンド仮定が満たされていると言える．この場合，対照群のトレンドを使って介入群における結果変数の持つトレンドをうまく取り除けるので，介入変数の因果効果を正確に識別できる．図8.2における τ は式(8.2)における τ と同一である．

　注意してほしいのは，図8.2で示した介入群と対照群の平行トレンドは潜在的結果に基づいて定義されており，実際には観察できないという点である．よって，平行トレンド仮定が満たされているかどうかを直接には確認できないので，間接的にその仮定が妥当か

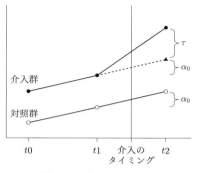

図 8.2 平行トレンド仮定

どうかを検討する必要がある．その一つは，介入群において，介入が起きた時点では結果変数に影響を与えそうな他の変化が何も発生しなかったかどうかをチェックする方法である．例えば，もし $t1$ と $t2$ の間に介入群において合併が起きると同時に，一定数の議席を女性に割り当てるクオータ制の導入が行われたとしよう．この場合，合併が起きなくても女性候補者比率は上昇すると考えられるので，平行トレンド仮定が満たされなくなる．

　もう一つは介入群と対照群について結果変数の過去のトレンドを確認することである．図 8.2 では $t1$ 年より 1 つ前の $t0$ 年の選挙における女性候補者比率も示されており，$t1$ 年の時点までは介入群と対照群の女性候補者比率が平行に推移していることを示唆している．もし介入が起きるまでは平行トレンドが保たれていたのであれば，介入がない状況では介入群と対照群の間で平行トレンドが引き続き保たれていたという仮定の妥当性が高まる．

　まとめると，因果効果を識別するという目的において差の差法が優れているのは，(1)同一の個人や集団を対象として介入前後の比

156

較をすることで個人間や集団間の違い(つまり異質性)を取り除けること，そして(2)介入を経験しなかった対照群を用いて，介入群と対照群のすべてに影響を及ぼしそうなトレンドの影響を取り除けることである．これは，特定の時点での介入群と対照群の比較を行う研究デザインや，すべての個体が同一時点で介入を経験することを利用して前後比較を行うデザインでは実現できない．例えば，過去に合併を経験した自治体群と合併を経験していない自治体群の女性候補者比率の比較をしても，合併の有無が女性候補者比率に影響を及ぼしたのか，あるいは介入群と対照群の異質性が影響を及ぼしたのか判断できない．また，もしある時点ですべての自治体が合併を経験していたとして，合併の前後で女性候補者比率の比較をしても，合併以外の政治経済的変化やトレンドが女性候補者比率に与える影響を排除できない．これら2つの問題を同時に解決する方法として差の差法を利用することができる．

●**差の差法が明らかにする因果効果** 差の差法が明らかにする因果効果の対象を考えよう．潜在的結果を使って，式(8.2)を以下のように書き換える．

$$(E[Y_{i,t2}|D_i=1] - E[Y_{i,t1}|D_i=1])$$
$$-(E[Y_{i,t2}|D_i=0] - E[Y_{i,t1}|D_i=0])$$
$$= (E[Y_{i,t2}(1)|D_i=1] - E[Y_{i,t1}(0)|D_i=1])$$
$$-(E[Y_{i,t2}(0)|D_i=0] - E[Y_{i,t1}(0)|D_i=0])$$
$$= (E[Y_{i,t2}(1)|D_i=1] - E[Y_{i,t1}(0)|D_i=1])$$
$$-(E[Y_{i,t2}(0)|D_i=0] - E[Y_{i,t1}(0)|D_i=0])$$
$$+(E[Y_{i,t2}(0)|D_i=1] - E[Y_{i,t2}(0)|D_i=1])$$

$$= E[Y_{i,t2}(1) - Y_{i,t2}(0)|D_i = 1]$$
$$+ (E[Y_{i,t2}(0)|D_i = 1] - E[Y_{i,t1}(0)|D_i = 1])$$
$$- (E[Y_{i,t2}(0)|D_i = 0] - E[Y_{i,t1}(0)|D_i = 0]) \tag{8.3}$$

1 式目から 2 式目では潜在的結果を追記している．2 式目から 3 式目では $E[Y_{i,t2}(0)|D_i = 1] - E[Y_{i,t2}(0)|D_i = 1]$ を追加している．$E[Y_{i,t2}(0)|D_i = 1]$ は介入群が実際には介入の影響を受けなかったという状況を意味している．最後の 4 式目に含まれる $E[Y_{i,t2}(1) - Y_{i,t2}(0)|D_i = 1]$ が差の差法が識別する因果効果を意味する．これは介入群の中で 2 期目に介入があったときとなかったときの結果変数 Y の平均値の差を意味している．介入群のみを対象とした因果効果を明らかにしていることから，**介入群における平均因果効果**（Average Treatment Effect on the Treated，ATT）と呼ばれる．

式(8.3)の最後の 2 項はトレンドを意味する．$E[Y_{i,t2}(0)|D_i = 1] - E[Y_{i,t1}(0)|D_i = 1]$ は介入群における介入がなかったときの 1 期と 2 期における結果変数の平均値の差，そして $E[Y_{i,t2}(0)|D_i = 0] - E[Y_{i,t1}(0)|D_i = 0]$ は対照群における 1 期と 2 期における結果変数の平均値の差を意味する．介入がなかったときにトレンドが介入群と対照群で共通であるならば，これらの差はゼロになるはずである．

3　市町村合併が女性候補者比率に与えた因果効果の推定

では実際に差の差法を使って，合併を経験した自治体では議会選挙の女性候補者が増えるという仮説を検証してみよう．分析対象とするのは，2003 年から 2007 年までの間に近隣自治体との合併（新設と吸収合併の両方を含む）を行い誕生した 146 の自治体（介入群）と合併を行わなかった 808 の自治体（対照群）である．これらの自治体では統一地方選挙の年である 2003 年と 2007 年にそれぞれ議会選挙

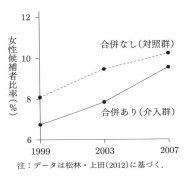

図 8.3　女性候補者比率のトレンドの比較

が行われた．結果変数はこれらの 2 回の議会選挙における女性候
補者比率である．計算方法は式(8.1)に基づいている．なお，2003
年と 2007 年の統一地方選のサイクルで議会選挙を行わなかった自
治体，2003 年より前や 2007 年より後に合併を実施した自治体は
分析対象から除外した．使用するデータは松林・上田(2012)に基
づく．

　図 8.3 は介入群と対照群における女性候補者比率の平均値の変
化を示している．まず，2003 年から 2007 年における介入群と対
照群の女性候補者比率を見てみよう．この時期に両群とも女性候補
者比率が増加している．これは，日本全体でより多くの女性が自治
体議会選挙に参入するようになってきたという傾向を示している．
次に，図 8.3 では対照群に比べて介入群の平均女性候補者比率が
低いことが見て取れる．これは介入群と対照群の自治体の平均的な
人口規模と関連している．政府が主導した 2000 年代前半の合併政

表 8.1 合併効果の推定結果

	結果変数：女性候補者比率（%）	
	(1) 2003-2007	(2) 1999-2003-2007
合併あり	0.891 (0.379)	0.763 (0.373)
調整済み R^2	0.799	0.764
観察数	1,908	2,862

注：データは松林・上田（2012）に基づく．カッコ内の標準誤差は市町村を単位としてクラスター化処理されている．

策は主に規模の小さい自治体を対象としており，小規模自治体が合併することでより効率的な行政サービスと財政運営を目指すという目標が掲げられていた．よって，人口規模の小さな自治体が介入群に属することが多く，またこれらの自治体の多くは都市圏の外にあり人口高齢化が進んでいる．そのため保守的な価値観を持つ有権者が多くなり，結果として女性候補者比率が低くなっていると思われる．最後に，2003年から2007年の女性候補者比率の増加は介入群でより大きくなっている．これは合併によって女性候補者比率が増えるという仮説と整合的な結果である．

　回帰分析を使ってこれらの結果を確認してみよう．差の差法に基づく回帰式の設定方法はコラムを見てほしい．表8.1の列(1)は2003年と2007年のデータを使った結果をまとめている．介入変数 D_i の係数 τ は約0.9となっている．これは合併後に女性候補者比率が1%ポイント弱ほど増えたということを意味している．合併前の2003年時点での女性候補者比率の平均値が9.2%であるので，合併前と比べると女性候補者比率が10%ほど増えたと言え

る．よって合併の実質的効果は大きいと言えるかもしれない．この分析では合併直後の選挙のみを対象としており，長期的な合併効果はさらに大きい可能性もある．

●**差の差法における回帰式** 潜在的結果の枠組みを使い，介入がなかったときの結果変数を

$$P_{it}(0) = \gamma_i + \mu_t + u_{it} \tag{8.4}$$

と書こう．$P_{it}(0)$ は合併がなかったときの自治体 i の t 年における女性候補者比率を意味する．γ_i はグループ固定効果（group-specific fixed effect）と呼ばれ，介入変数やトレンドの影響を受けていない状況での各自治体の女性候補者比率を表す．例えば，自治体 1 における女性候補者比率は γ_1，自治体 2 における比率は γ_2 という具合である．比率の違いは各自治体の社会経済的特徴（例えば有権者の年齢構成）などで決まっていると考えていい．γ_i は，介入の影響と次に説明するトレンドの影響を除けば，時間を通じて変化しない（つまり固定されている）と見なす．図 8.3 を見ると，合併ありの介入群と合併なしの対照群の間には，合併が起きる直前の 2003 年の選挙の時点で女性候補者比率に 1％ポイントを超える違いがあることがわかる．この違いは介入群と対照群におけるもともとの女性候補者比率の差を表しているのである．

式(8.4)の μ_t は時間固定効果（time-specific fixed effect）と呼ばれ，各選挙年の女性候補者比率の全国平均を意味する．例えば，2003 年の選挙における女性候補者比率は μ_{2003}，2007 年の選挙における女性候補者比率は μ_{2007} という具合である．図 8.3 は 2000 年代を通じて女性候補者比率は増加傾向にあったことを示しているが，これは μ_t が選挙年ごとに増えていることを示唆している．最後に，u_{it} は誤差項を意味し，ある時点における女性候補者比率のうち，各自治体のもともとの比率や国全体でのトレンドで説明できない要因の影響を表す．

次に，合併があったときの結果変数を

$$P_{it}(1) = P_{it}(0) + \tau \tag{8.5}$$

と表そう．さらに，2003 年の時点では介入群と対照群ともに 0 の値をとり，2007 年の時点では介入群では 1 で対照群では 0 の値をとるダミー変数 D_{it} を作る．$P_{it}(0)$ と $P_{it}(1)$ を D_{it} と組み合わせることで，実際に実現する結果変数を

$$P_{it} = P_{it}(0) + D_{it}(P_{it}(1) - P_{it}(0)) \tag{8.6}$$

と書くことができる．式(8.6)に式(8.4)と式(8.5)を代入すると，

$$P_{it} = \tau D_{it} + \gamma_i + \mu_t + u_{it} \tag{8.7}$$

となる．

式(8.7)の γ_i と μ_t は重要な役割を果たす．γ_i を含めることで，同じ自治体内における結果変数の差を求めることが可能になっている．また，μ_t を含めることで，結果変数におけるトレンドの影響を考慮することが可能になっている．

図 8.3 や表 8.1 の(1)で示した合併と女性候補者比率の関係が本当に因果関係を反映しているのかどうかは，平行トレンド仮定が満たされているかどうかによる．そこで，2003 年の 1 つ前の選挙である 1999 年の統一地方選挙における女性候補者比率を使って，介入が起こる前は介入群と対照群で女性候補者比率のトレンドが似通っているかどうかを確認しよう．図 8.3 では 1999 年から 2003 年にかけての女性候補者比率も介入群と対照群に分けて示している．1999 年から 2003 年にかけては介入群と対照群の女性候補者比率はほぼ平行に推移しており，平行トレンド仮定が妥当であることを示唆する結果になっている．1999 年以前の議会選挙でもトレンドが似通っていたかどうかを確認することがより望ましいのだが，デ

ータを入手できなかったためここでは 1999 年のみに絞って仮定の確認を行っている．表 8.1 の (2) は 1999 年から 2007 年にかけての 3 回の選挙のデータを使って合併の効果を推定した結果を示しているが，1999 年のデータを含めても合併の効果があったことが見て取れる．

4　イベントスタディの仕組み

　この節では別の例を使って，差の差法で用いられることが増えているイベントスタディと呼ばれる手法を紹介する．2015 年の公職選挙法改正では，参院選の選挙区割りの変更が行われた．都道府県を単位とする選挙区の議員 1 人あたり人口に大きな不均衡が生じていたため，選挙区定数の変更が行われたのである．特に大きな変更となったのが鳥取県と島根県，そして徳島県と高知県の合区である．公職選挙法改正前はこれらの 4 県は県域を選挙区単位として定数 2 が割り当てられていたが，改正後は鳥取県と島根県が 1 つの選挙区，そして徳島県と高知県が 1 つの選挙区となりそれぞれの定数が 2 となった．

　塩沢 (2017) は合区による選挙区域の大幅な拡大は投票率に負の影響を与えたのではないかと論じている．自分の県の権益のみを代表してくれる議員を国会に送り込めなくなり，また選挙結果への影響力も相対的に低下する．また区域が広くなることで候補者の選挙活動にも大きな制約が生じ，候補者自身が街頭演説などを通じて有権者と直接に触れ合う機会が減少する．その結果，有権者は候補者とのつながりや選挙への関心を失うので投票に参加しなくなるのではないか，と塩沢は予測している．

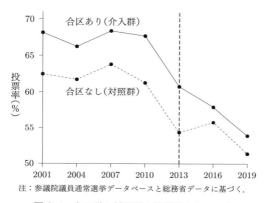

注：参議院議員通常選挙データベースと総務省データに基づく．

図 8.4 介入群と対照群の投票率のトレンド

　では，合区が投票率に与えた効果はどれぐらいだったのだろう
か．合区が行われる前後の参院選を分析対象とし，合区が行われた
鳥取県，島根県，徳島県，高知県の市区町村を介入群に，そして同
じ中国・四国地方で区域や定数の変更が行われなかった岡山県，広
島県，山口県，香川県，愛媛県の市区町村を対照群と定義する[1]．
図 8.4 は介入群と対照群の自治体の平均投票率の推移を示してい
る．2013 年が合区実施前の最後の選挙だったので，それを縦点線
で表している．平行トレンド仮定の妥当性をチェックするために
2001 年から 2013 年までの各群の平均投票率も含めた．2013 年ま

　1）　2019 年時点での市町村を単位としている．参院選における市町村別
の投票率データは参議院議員通常選挙データベース（名取ほか 2014）と各都
道府県選挙管理委員会より入手した．参議院議員通常選挙データベースは
http://db.cps.kutc.kansai-u.ac.jp/で入手可能である．分析対象には 7 県
205 の市区町村が含まれる．データの不備でいくつかの市区町村が分析対象か
ら外れている．

では介入群と対照群の平均投票率はほぼ同じように推移してきたことがわかる．しかし，2013年から2016年にかけては介入群で投票率が下がり対照群で投票率が上がっている．もし合区がなければ，2016年の選挙では対照群と同じく介入群でも投票率が上がっていたと推測できるが，実際には合区の影響で投票率が下がったことが推測できる．2016年から2019年にかけては介入群と対照群は再び同じようなトレンドを示している．もともと介入群と対照群には投票率に大きな開きがあったが，合区以後はその差が縮まっていることもわかる．

　次に，回帰分析を使って合区の効果の推定値を求めてみよう．推定式は以下のように書ける．

$$T_{it} = \tau G_{it} + \rho_i + \phi_t + u_{it} \tag{8.8}$$

T_{it} は t 年の選挙における市町村 i の投票率，G_{it} は t 年の選挙において市町村 i が合区の対象となっていたかどうかを指す．G_{it} は2016年と2019年の選挙で合区対象となった介入群の市町村で1，2013年より前は0をとる．対照群についてはどの時点でも0をとる．さらに，ρ_i は市町村固定効果，ϕ_t は選挙年固定効果，そして u_{it} は誤差項を意味する．

　表8.2は合区と投票率の関係についての回帰分析の結果を示している．列(1)では2013年と2016年の2つの選挙を分析対象としており，2016年選挙から始まった合区によって投票率が3.8％ポイント下がったことを示している．列(2)では2001年から2019年の7回の選挙を分析対象として合区が投票率に与える効果を推定した．介入群では合区の影響により投票率が4.3％ポイント下がったことを示している．

表 8.2 合区効果の推定結果

	結果変数：参院選投票率(%)	
	(1) 2013-2016	(2) 2001-2019
合区あり	−3.766	−4.306
	(1.787)	(1.163)
調整済み R^2	0.856	0.918
観察数	410	1,435

注：参議院議員通常選挙データベースに基づく．カッコ内の標準誤差は都道府県を単位としてクラスター化処理されている．

次に，**イベントスタディ**と呼ばれる手法を用いて平行トレンド仮定の妥当性を確認しよう．ここまでの分析では図 8.3 や図 8.4 のようなグラフを使って介入群と対照群のトレンドが似通っているかどうかを確認してきた．この方法では介入が起こるまでの各群のトレンドが似通っているかどうかは判断できても，2 つのトレンドに全く差がないとまでは言い切れない．そこで，介入群と対照群の介入以前の投票率のトレンドに統計的に有意な違いがないのか，そしてこれら 2 群の投票率のトレンドが介入以後には有意に異なるのか(仮説通りであれば介入群で投票率が下がるのか)を検証することが不可欠となる．これを可能にしてくれるのがイベントスタディという手法である．

具体的には，以下のような式を推定する．

$$T_{i,t} = \tau_{-12} G_{i,-12} + \tau_{-9} G_{i,-9} + \tau_{-6} G_{i,-6} + \tau_{-3} G_{i,-3} + \tau_{+3} G_{i,+3}$$
$$+ \tau_{+6} G_{i,+6} + \rho_i + \phi_t + u_{i,t} \tag{8.9}$$

各合区ダミー $G_{i,-12}$ から $G_{i,+6}$ はベースラインの選挙年(ここでは

2013 年と設定する)から何年前の選挙か(リード)、あるいは何年後の選挙か(ラグ)を意味する。2013 年では 0、2016 年では +3、2010 年では −3 をとるようになっている。例えば、$G_{i,+6}$ はラグを意味するダミー変数で、2019 年の合区対象県(つまり鳥取県、島根県、高知県、徳島県)の市町村は 1、それ以外はすべて 0 となる。一方、$G_{i,-6}$ はリードを意味するダミー変数で、2007 年時点において市町村 i が合区対象県に含まれるのであれば 1、含まれないのであれば 0 となる。

ラグやリードのダミー変数にはそれぞれ係数 τ が付随している。合区対象となった都道府県の市町村で合区後に投票率が下がっているのであれば(これはすでに表 8.2 で示されている)、τ_{+3} や τ_{+6} は負で有意になるはずである。一方、合区以前には介入群と対照群の平均投票率に大きな差がないのであれば、τ_{-3} や τ_{-6} は 0 に近い値となり統計的にも有意にならないと推測できる。なお、式(8.8)の τ は介入後の平均的な因果効果を明らかにするが、式(8.9)の各 τ は介入後の各期において介入の効果が異なる可能性(例えば時間とともに効果が薄れていくなど)を考慮することが可能になっている。

図 8.5 は式(8.9)の推定結果を図示している。各黒点は推定値を、黒点の周りの縦線は 95% 信頼区間を意味する。また横の破線は 0 を意味する。2013 年がベースラインなので係数が 0 となっている。推定結果によると、リードの係数は 2010 年を意味する −3 の時点を除いてほぼ 0 であり、介入以前の選挙では介入群と対照群の投票率に統計的に有意な違いがない。例外は 2010 年であり、係数が正で有意となっている。2010 年の選挙では対照群に比べて介入群で投票率が 2% ポイント近く高かったことを意味する。$t+3$ や $t+6$ では係数は −4% ポイント近くとなっており、これは図 8.2

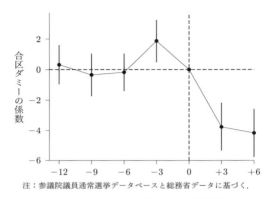

図 8.5　*イベントスタディによる推定結果*

注：参議院議員通常選挙データベースと総務省データに基づく．

の結果と整合的である．リード変数の推定値の1つが0と有意に異なっているが，平行トレンド仮定は妥当であると見なすことができ，合区は投票率に負の因果効果を与えた可能性が高いと言ってもいいだろう．

　なお，介入直後の係数が正（あるいは負）で統計的に有意であったという結果のみでは介入変数が因果効果を与えたと解釈することはできない．というのも，介入直後の時点での係数は，介入発生以前の介入群と対照群の間の異なるトレンドそのものを反映している可能性があるためである．イベントスタディは介入群と対照群における結果変数のトレンドを介入前後で視覚的に示すことで，介入前には差がなく，介入後に差が生じたかどうか検討することが可能になる．図 8.5 の場合だと，介入直前の推定値は正であるものの，それ以前の推定値は安定的に0近くであることから，介入後の推定値がトレンドの違いを反映しているとは考えにくい（ただし，もし介

168

入直前の正の推定値が介入群と対照群の継続的なトレンドの違いを反映している場合、そのトレンドの違いが介入後の推定値に負のバイアスを生じさせている可能性もある）。

●**介入時期が異なるケースにおける差の差法の応用**　ここまで取り扱ってきた合併や合区の分析では、介入群における介入のタイミングが一律であった。しかし、分析対象によっては介入のタイミングが異なることもある（例えばある自治体では 2005 年に介入開始、他の自治体では 2007 年に介入開始など）。このような場合でも、一定の条件が満たされている場合には式(8.7)を推定することで因果効果を明らかにすることが可能である。介入タイミングが異なる場合の分析についての最新の知見は Baker et al.(2021)や Imai and Kim（2021）を参照してほしい。

　介入タイミングが異なる場合、図 8.3 や図 8.4 のような方法で平行トレンド仮定の妥当性を確かめることができない。図 8.4 の場合だと、介入が 2016 年で一律に発生しているので、介入群と対照群の結果変数の平均値のトレンドをプロットすれば結果変数の挙動が 2 つのグループで異なるかどうかを確認することができた。介入の時期が一律でない場合は、イベントスタディを用いれば、介入のタイミングを標準化（−2，−1，0，+1，+2 といったように定義）することで 2 つのグループの結果変数の平均的な違いを係数として示すことができる。

5　ごく少数の介入事例に注目する合成統制法

　差の差法にはその利用にあたって重要な前提が 2 つある。一つは介入群と対照群にそれぞれ十分な数の個人や自治体・地域などが含まれているということである。合区の影響に関する例の場合、分析対象として 7 県 205 の市区町村が含まれており、そのうち 95 が介入群に、110 が対照群に属していた。もう一つは、介入群の比較

対象となる対照群を定義するのが比較的容易であるということである．合区が起きたのが鳥取県・島根県・徳島県・高知県という中国・四国地方の 4 県だったので，その比較対象として同じ中国・四国地方に属する岡山県・広島県・山口県・香川県・愛媛県の自治体が対照群として選ばれた．

　これらの前提が満たされないような介入事例を研究対象としたいこともあるだろう．例えば，ある政策介入の影響を見たいが，その政策が導入されたのが 1 つの自治体のみであったとする．このとき，介入群にはその自治体のみが含まれることになるため，その政策介入の平均的な因果効果を調べることは不可能である．また，対照群としてどの自治体を選定すべきかも迷うかもしれない．政策介入が起きた自治体の周辺自治体を選ぶことが考えられるが，どこまでが「周辺」なのかを定義することは必ずしも自明ではない．対照群の選択は恣意的にもなり得るのである．合区の分析の場合，合区対象とならなかった他の 43 都道府県の自治体をすべて対照群に含めることも可能であった．

　このような状況では合成統制法を利用することができる．合区の例を使って合成統制法の仕組みを見てみよう．これまでの分析例とは異なり，合区が都道府県単位での投票率にどのような影響を与えたのかを考える．合区は実際には 4 つの県を対象として実施されたが，ここでは鳥取県のみに注目し，島根県との合区によって鳥取県の投票率がどれだけ変化したかを調べるとする．島根県，徳島県，高知県は分析の対象外とし，鳥取県の投票率と残りの 43 都道府県の投票率が分析対象となる．分析対象の期間は 1977 年から 2019 年までで，全部で 15 回の参院選を含む．

　まず求めたい因果効果を以下のように定義する．

$$\tau_{\text{Tottori},t} = Y_{\text{Tottori},t}(1) - Y_{\text{Tottori},t}(0) \tag{8.10}$$

この式の $Y_{\text{Tottori},t}$ は鳥取県における合区実施後に行われた t 年の選挙(つまり 2016 年と 2019 年)における投票率を意味する. $Y_{\text{Tottori},t}(1)$ は実際に起きた結果なので, 観察可能である. 一方, $Y_{\text{Tottori},t}(0)$ は合区が起きなかったときの鳥取県における t 年の選挙の投票率を意味するが, これは潜在的結果に基づく反事実である. 合成統制法では, 鳥取県以外の 43 都道府県(ドナープールと呼ぶ)のデータを合成して $Y_{\text{Tottori},t}(0)$ を人工的に作り出し, 最終的に $\tau_{\text{Tottori},t}$ を推定する. なお, $\tau_{\text{Tottori},t}$ には t が付随しているので, 鳥取県における合区の因果効果は選挙年ごとに変化することが想定されている.

　合成統制法の根底にあるのは, $Y_{\text{Tottori},t}(0)$ を得るには対照群となる 43 都道府県から 1 つの県を恣意的に選ぶよりも 43 都道府県のデータを機械的に合成したほうが透明性が高いという考えかたである. 例えば, 人口規模を基準とした場合, ドナープールの 43 都道府県の中で福井県と鳥取県が最も似通っているので, $Y_{\text{Tottori},t}(0)$ を $Y_{\text{Fukui},t}(0)$ で代替して(つまり 2016 年と 2019 年の選挙における福井県の投票率を使って)τ を求めることは可能である. しかし, この福井県が鳥取県とどれだけ似通っているかを客観的に判断するのは簡単ではないし, また自分にとって都合の良い結果を得るために福井県が選ばれた可能性があることを否定するのは難しい.

　そこで, ドナープールの 43 都道府県の重みつき平均値を使って $Y_{\text{Tottori},t}(0)$ を推定する. 具体的には

$$\hat{Y}_{\text{Tottori},t}(0) = \sum_{j=1}^{43} w_j Y_{jt} \tag{8.11}$$

を用いる．最終的に

$$\hat{\tau}_{\text{Tottori},t} = Y_{\text{Tottori},t}(1) - \hat{Y}_{\text{Tottori},t}(0) \tag{8.12}$$

が因果効果の推定値となる．

　各県独自の重みとなる w_j が因果効果の推定に大切な役割を果たすことは一目瞭然だろう．共通の重みを使ったり（つまり 43 都道府県を同じものとして取り扱う），西日本や中国・四国地方の都道府県により大きな重みを与えたりすることは可能であるが，これらのやりかたは当然恣意的である．客観性の高い w_j を得るために工夫が必要となるので，ここでは以下のような方法を考える．具体的には，合区以前の鳥取県の平均投票率と残りの 43 都道府県の平均投票率の差が最小化されるような w_j^* を推定し，これを使って式(8.11)を求めるのである．なお w_j は 0 から 1 の正の値をとり，また w_j の合計は 1 となるという制約を課している(Abadie 2021)．w_j^* に基づく合成によって作られた対照群の投票率が合区以前の鳥取県の投票率をうまく近似しているのであれば，合区後の鳥取県の反事実として使えるので，最終的に鳥取県における合区の因果効果を推定することができるのである．なお $Y_{\text{Tottori},t}(0)$ を推定する方法はいくつも提案されている（例えば Xu (2017)など）．

　では実際に合成統制法を用いて合区が鳥取県の投票率に与えた影響を推定してみよう[2]．繰り返しになるが，使用するデータは 1977 年から 2019 年までの鳥取県の参院選投票率と合区を経験しなかった 43 都道府県の参院選投票率である．まずはじめに鳥取県の投票率と合成によって作成された合成鳥取県の投票率を比較して

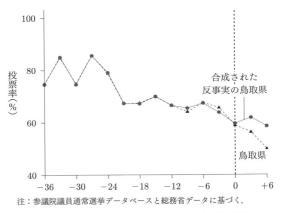

注：参議院議員通常選挙データベースと総務省データに基づく.

図 8.6 鳥取県の投票率と合成鳥取県の投票率

みよう. 図 8.6 では選挙年別に各投票率をプロットしている. 鳥取県の投票率($Y_{\text{Tottori},t}(1)$)を黒破線と三角のシンボルで, 合成鳥取県の投票率($\hat{Y}_{\text{Tottori},t}(0)$)をグレー実線と丸のシンボルで表した. 縦の破線は合区直前の参院選(2013 年)を意味している. 図 8.6 によると, 合区以前の合成鳥取県の投票率は鳥取県の実際の投票率をうまく近似していることがわかる. よって, 合区後にも合成鳥取県の投票率を反事実として使えることを示唆している.

図 8.7 の左上は合区によって鳥取県の投票率がどれだけ下がったのか(つまり $\hat{\tau}_{\text{Tottori},t}$)を示している. 各黒丸が鳥取県と合成鳥取県の投票率の差を指し, その周辺のグレーの領域は 95% 信頼区間を意味している. 縦の破線は合区直前の 2013 年の選挙, 横の破線は差がないことを意味するゼロの位置に引かれている. 合区以前の選挙では投票率に差がないが, 合区後には鳥取県の投票率が下がっ

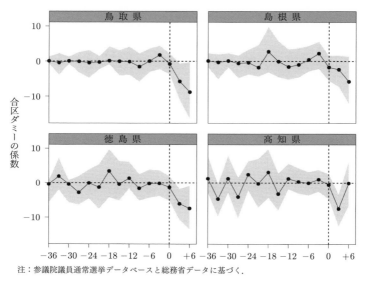

注：参議院議員通常選挙データベースと総務省データに基づく.

図 8.7 合成統制法による推定結果

ている. 2016 年は -5.6% ポイント，2019 年は -8.5% ポイントの下落と推定されている. 平均すると約 7% ポイントの下落である.

差の差法による推定結果と比べた場合，図 8.7 が示す鳥取県での合区効果はより大きく推定されている. 表 8.2 の列 (1) を見ると，2016 年の選挙における投票率への合区効果は -3.8% ポイントである. 一方，合成統制法では -5.6% ポイントとなっている. この違いは合区効果が県ごとに異なっていた可能性を反映しているのかもしれない. 差の差法では合区の平均的な効果を推定しているが，合成統制法では鳥取県における合区の効果を推定しているからである. そこで，鳥取県以外の 3 県での合区効果を合成統制法で推定

した結果を図 8.7 の右上(島根県),左下(徳島県),そして右下(高知県)にまとめた.すべての分析において残りの 43 都道府県がドナープールとして使われている.2016 年の場合,どの県でも投票率が下落していることがわかるが,島根県では下落の幅が小さい.また,2019 年の場合には高知県では下落効果が消えていることもわかる.よって,合成統制法は因果効果の異質性を探るのにも便利な手法と言えるだろう.

6 応 用 例

差の差法を使った研究例をさらに 1 つ,そして合成統制法を使った研究例を 1 つ紹介したい.差の差法の応用例として紹介するのは,下松による民主化の帰結に関する研究である(Kudamatsu 2012).これまでに多くの研究がなぜ民主化への移行が起きるのか,どのような条件のもとで民主的体制が持続するのかといったリサーチクエッションに取り組んできた.その一方で,民主化が起きたあとになにが起きたのか,特に人々の生活が本当に向上したのかについてのエビデンスは限られている.その理由としては,民主化の因果効果を識別するのは困難な作業であることがあげられる.民主化と経済発展は相互に影響を与える可能性があり,民主化が経済や社会への変化をもたらしたのか,あるいは社会や経済の変化が民主化をもたらしたのかを区別するのが難しいからである.

このような状況を背景に,下松は 1990 年代のサブサハラ・アフリカの多くの国で起きた民主化の帰結を調べている.民主化を経験した国々を介入群,民主化が起きなかった国々を対照群と見なし,民主化によって乳児の死亡が減ったのかどうかを検証した.結果変

175

表 8.3　Kudamatsu (2012) データの例

母親 ID	国	年	民主化	乳児死亡
Mother1	A	1990	0	1
Mother1	A	1992	1	0
Mother2	B	1990	0	1
Mother2	B	1992	0	1

数である乳児の死亡は，各国の女性を対象に行われた人口保健調査
(Demographic and Health Surveys) からの個票データを使って測定
している．この調査では，各女性に対して出産した全ての子供の誕
生年とそれぞれの子供が誕生から 1 年以内に死亡したのかどうか
を尋ねている．この申告情報と民主化のタイミングの情報を組み合
わせることで差の差法に必要なデータを構築している．

　分析手法を理解するために，表 8.3 の架空のデータを見てほし
い．このデータでは国 A と国 B の 2 人の女性が対象となっている．
それぞれの女性は 1990 年と 1992 年に出産したとする．国 A は
1990 年は非民主的体制であったが 1992 年には民主的体制が確立
されていて，一方国 B では同じ期間に非民主的体制が続いていた
としよう．国 A の母親 1 は 1990 年と 1992 年にそれぞれ出産して
いるが，1990 年に出産した子供を生後 1 年以内に亡くしている．
国 B の母親 2 は 1990 年と 1992 年に出産し，両年とも生後すぐの
子供を亡くしたとする．この事例では，民主化が起きた国 A の母
親を介入群，民主化が起きなかった国 B の母親を対照群と見なす
ことができるので，差の差法を適用することが可能になっている．
実際には 28 カ国の約 16 万人の母親が出産した約 65 万人の出産と
その後 1 年以内の乳児死亡の有無が分析対象となっている．分析

の結果から民主化後に乳児死亡が 1.2% ポイント減ることが示され
ており，サンプル全体での平均乳児死亡率が 12% であることから
民主化が乳児死亡に与える影響が大きいことがわかる．病気などに
よって子供を失わないことは社会全体にとって望ましい結果である
と言えるので，民主化は人々の生活の向上に寄与したことを下松の
分析は示唆している．

　最後に，合成統制法を用いてコンゴ民主共和国での内戦が森林破
壊に与えた影響を推定した菊田の研究を見てみよう（Kikuta 2020)．
過去の内戦の多くが熱帯雨林の多い地域で発生しているにもかかわ
らず，内戦によって森林破壊が起きるのかどうかには定説は示され
ていない．内戦による暴力被害を避けるため住民が避難することで
森林が守られるという説や，あるいは武装集団が森林資源を利用し
て装備などの費用を賄おうとするために森林破壊が進むという説も
ある．またこれまでの研究では紛争が森林に与える局所的な効果を
推定するにとどまっており，紛争の総合的な効果を明らかにした研
究がないことを菊田は指摘している．

　そこで，菊田の研究では 1996 年 10 月に勃発したコンゴ民主共和
国での大規模な内戦が国内の森林面積にどのような影響を与えた
かを推定した．コンゴ民主共和国全体での森林面積を対象としてい
るので，内戦の総合的な効果を推定していると言っていいだろう．
ここでの目的は内戦の平均的な効果を見ることではなく，第 1 次
および第 2 次コンゴ戦争の影響を調べることなので，合成統制法
が有用な事例となる．ドナープールとしては熱帯雨林の面積が大き
い 22 の国々(例えばブラジル，カメルーン，ガーナ，インドネシア，タ
イ，ベネズエラなど)が選ばれた．分析対象期間は 1987 年から 2006
年までである．合成統制法による推定結果は，内戦勃発後のコンゴ

民主共和国と合成コンゴ民主共和国における国土に占める森林面積は平均で 1.6% ポイントほど異なることを示している．これは約 38000 平方キロメートルの森林が失われたことを意味しており，この面積はベルギー全体よりも大きいことを菊田は指摘している．

第9章

……………………………………………………………………

因果推論のはじめかた

4章から8章で紹介してきた因果推論の手法を使って，研究を始めたいと考えているとしよう．どこから手をつけたらいいのだろう．研究を進めるにあたって知っておくべきことは何だろう．この章では社会科学研究の取り組みかたを紹介していく．

1 研究を構成するパーツ

政治学研究や社会科学研究の成果のまとめかたとしては書籍，論文，ポスター，口頭での報告などいろいろな形が考えられるが，ここでは研究論文として成果をまとめることを想定する．一般的な研究論文の最小構成パーツは，**背景**(イントロダクション)，**方法**(研究デザイン)，**分析結果**，**結論**という4つの節(セクション)である．この論文構成は **IMRD** (Introduction-Methods-Results-Discussion)形式と呼ばれ，医学や自然科学の論文では一般的に使われているフォーマットである[1]．

---

1) 社会科学系の論文では理論メカニズムや仮説に関する説明が長くなることが多いので，背景を分割して，背景，関連する研究のまとめ・理論・仮説，方法，分析結果，結論という5つの節を設定することも多い．先行研究における議論や自分の検証しようとする仮説やそのロジックを詳細に記述するために独立

背景では，自分の研究が注目するリサーチクエッションとそれに対する仮説を議論することが必須である．リサーチクエッションの例として，4章から8章までの各章の冒頭で紹介した「匿名性の高い世論調査方式では回答における社会的望ましさバイアスが減るのか」，「雨が降れば投票率は下がるのか」，「現職政党候補者は選挙で有利なのか」，「投票率が上がれば選挙結果は変わるのか」，「制度環境が変われば女性政治家が増えるのか」があげられる．これらはすべて疑問形として書かれているが，「匿名性の高い世論調査方式では回答における社会的望ましさバイアスが減る」のように書けば研究が検証しようとする仮説と読み替えることも可能である．リサーチクエッションや仮説を提示する際には，介入変数がどのようなメカニズムを通じて結果変数に影響を及ぼすのかを説得的に論じることが重要である．

　背景セクションのもう一つの大切な役割は，研究対象となっているリサーチクエッションや仮説について調べることがなぜ重要なのかを説明することである．これには2つの視点が必要となる．一つは先行研究との関連である．似たようなリサーチクエッションや仮説に取り組んできた先行研究からの知見を踏まえた上で，既存の知見をどのように発展させるのか，これまでに何がわかっていて何が明らかになっていないのか，先行研究の研究設計に問題があるとすればそれをどのように改善するのか，新しい地域や時代を新たに研究対象とすることで何が得られるのか，といった疑問に答えることを通じて先行研究の文脈の中に自分の研究を位置づけ，先行研究との違いや自分の研究がもたらす貢献を論じるのである．

した節を設けるのである．この場合でも，基本的な論文の構成は IMRD と同じである．

　もう一つの視点は現実社会との関連である．現実政治や社会を対象とする研究を行う以上，自分の研究から得られた知見が社会にどのような意味を持つのかを考えなければならない．新たな研究を行うことでこれまであまり注目されてこなかった社会の問題を指摘するきっかけを作れるかもしれないし，あるいは社会が抱えている問題を解決するための政策的示唆を提示できるかもしれない．これまでに実施されてきた政策にどの程度の効果があるのかを厳密に示すことで，制度設計や政策設計への貢献を果たすことも可能だろう．学術的貢献だけでなく，たとえその規模は小さいとしても自分の研究が社会に対してどのような貢献を果たすことができるのかを簡潔かつ明瞭に論じることは大切である．

　方法と**分析結果**で議論すべき内容は，4章から8章における2番目と3番目の節でそれぞれ論じたことになる．方法のセクションでは，どのような研究デザイン（例えば無作為化実験なのか差の差法なのか）で仮説を検証するのか，どのような割り当てメカニズムを想定しているのか，自己選択バイアスが生じる可能性があるとすればそれはどのような状況なのか，統制すべき交絡変数が存在するのか，研究デザインが必要とするデータはどこから入手したのか，介入変数・結果変数・交絡変数をどのように測定するのかなどを論じる．分析結果のセクションでは，各変数の平均値などの要約統計量，バランスチェックの結果，分析から得られた因果効果の推定値とその解釈，異なる変数の定義や手法を使っても主要な分析結果に変化が生じないかという**頑健性のチェック**（robustness check）の内容について言及する．

　結論では分析結果から得られた主要な知見をまとめて，それを先行研究の文脈に位置づけることが必要になる．先行研究での知見や

研究デザインをどのように発展させたのか，同じような知見かあるいは異なる知見が得られたのか，先行研究に対してどのような貢献を果たしているのかなどを短くまとめる．次に，自分の研究の限界について簡潔に論じることも不可欠である．因果効果の識別に必要な仮定の妥当性に疑問が残っており，内的妥当性にあまり自信がないという状況を考えてほしい．あるいは特定の状況(例えば，特定の時代・国・地域)に注目することで分析を行っており，外的妥当性がそれほど高くないという状況もあり得るだろう．このような状況にいるのであれば，それらをきちんと開示して読者の判断に委ねることが大切になる．

　背景から結論までの各セクションの内容を構想する際にイメージしてほしいのは，図 9.1 のような入口と出口が広く中央部が狭くなっている筒である．筒の上から下に向かって各セクションが並んでいる．筒の横幅は各セクションの内容の範囲を意味する．論文の導入部である背景セクションでは，先行研究における主要な問いや社会における重要な課題を論じる．さまざまな関心を持つ読者の興味を引きつけるためには，その内容の範囲を幅広く設定しておくべきである．次に，自分が取り組もうとする特定のリサーチクエッションや仮説を紹介する．ここでは議論の内容の幅が少しずつ狭くなっていく(つまり焦点が絞られてくる)．筒が一番狭くなるのが自分の仮説を検証するための研究デザインを説明する方法セクションと，その分析結果を論じる分析結果セクションである．これらのセクションでは背景セクションで論じたような大きな枠組みを意識することなく，自分の研究デザインや分析結果の細部を丁寧に論じればいい．最後の結論セクションでは再び筒が広がっていく．得られた研究成果が関連分野とどのように関連しているのか，さらに直接には

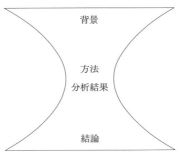

注：Glasman-Deal (2009) の Figure 1（2 ページ）
に基づく．

図 9.1　研究論文の構成

関連しないが何らかの示唆を導くことができそうな先行研究分野への言及，さらに背景セクションで言及した主要なリサーチクエッションや社会における課題との関連を論じることで，自分の研究を再び大きな枠組みに位置づけるのである．

　研究を始めるときには，背景と方法のセクションで書かれるべき内容を準備することが必要となる．リサーチクエッションと仮説を設定し，その仮説を検証するための研究デザインを設計するのである．次の 2 節と 3 節ではリサーチクエッションと仮説をどこでどのように見つければいいのかを解説する．

2　リサーチクエッションの設定

　研究を始めるにあたっては，リサーチクエッションを見つけることが不可欠である．答えるべき研究上の問いがなければ，研究を開始することはできない．では，どのような形式のリサーチクエッシ

ョンを設定するのが望ましいのだろうか．例えば，国々の民主化の進展の違いに興味を持っていて，

- 世界の国々で民主化はどのように進展してきたのか
- なぜ民主化が進んだ国々と進んでいない国々があるのか
- 民主化が進展するとどのような結果がもたらされるのか

という 3 つのリサーチクエッションを思いついたとしよう．これらのリサーチクエッションは民主化という同一のトピックを研究対象としているが，その内容には大きな違いがある．1 番目のリサーチクエッションは民主化の進展の歴史的変遷を題材としているが，原因と結果の因果関係を解明することを主目的としているわけではなく，因果推論を含む研究をやりたいという目的を持っているのであれば適切なリサーチクエッションとは言えない．2 番目は民主化を結果変数として，国々の民主化度の違いを説明する介入変数を探すことを目指しているように読める．一方，3 番目は民主化を介入変数として，民主化の進展の結果として生じる変化(つまり結果変数)を探すことを目指していると読める．

　2 番目や 3 番目のリサーチクエッションにあるように Why や How で始まる大きなクエッションから研究を始める場合，関心の焦点を絞っていく作業が必要になる．Why や How という問いに答えるために仮説を用意しようとする場合，よく見られるのは，いくつもの仮説を設定しそれを一つの研究デザインの中で同時に検証しようと試みることである．例えば，「なぜ民主化が進んだ国々と進んでいない国々があるのか」というリサーチクエッションを設定したとしよう．民主化の進展度はいくつもの要因によって影響を受

けるので，複数の仮説を同時に設定したくなる．例えば，国々の民主化の進展度の違いを説明するために

　　仮説1：社会が豊かになれば民主化が進む
　　仮説2：社会の経済格差が縮まれば民主化が進む
　　仮説3：石油などの天然資源を持つ社会では民主化が遅れる

という3つの仮説を思いついたとしよう．3つの仮説のうちどれが（あるいはすべてが）現実と整合的なのかを知るために，経済発展や経済格差，天然資源の有無，そして民主化の度合いなどを含む多国間データセットを構築したとする．そのデータを使って，豊かな国々の民主化度と貧しい国々の民主化度の比較，経済格差の小さい国々の民主化度と経済格差の大きい国々の民主化度の比較，そして天然資源がある国々の民主化度と天然資源がない国々の民主化度の比較，を一つの論文の中で行うのである．

　ここで重要なのは，因果効果の識別には仮説それぞれについて，自己選択バイアスのない状況の中で介入群と対照群の比較を行う必要があるという点である．そのような比較が可能になる研究デザインを仮説ごとに構築するのは非常に困難な作業である．国レベルの介入変数について無作為化実験を実施することはほぼ不可能なので，自然実験，操作変数法，差の差法を使いたいが，それらの研究デザインを使うために必要な状況やデータを見つけることには時間や労力を必要とする．それを仮説ごとに繰り返すことはなおさら難しいだろう．加えて，仮説が想定する因果関係の背後にあるメカニズムを詳細に検討することは因果推論において重要な作業であるが，仮説の数が増えるほどこの作業を丁寧に行うことは難しくなる

だろう.

よって，Why や How から始めるリサーチクエッションを設定した場合，次にやってほしいのはその問いに答えるための仮説を一つ選び出す作業である．一般的に，一つの研究で検証できるのは一つの仮説のみである．本書で紹介してきた研究デザインのいずれかを用いて検証が可能な一つの仮説を選び出し，その仮説を丁寧に検証していくことが頑健なエビデンスを作り出すための近道である．複数の仮説を思いついているのであれば，これまでに誰も検証していない仮説，その妥当性について意見が割れている仮説，新規性の高い研究デザインを使って検証できそうな仮説などを選んでほしい．次節では仮説の選びかたについてさらに議論していく.

3　良い仮説の見つけかた

仮説の見つけかたとして，ここでは 4 つのアプローチを紹介する．1 番目は，自分が興味を持つ介入変数を定めてから仮説を見つけるアプローチである．例えば，自分は国々の民主化の進展に興味を持っているとする．民主化が進めば，社会にはいろいろな変化が起きることは容易に想像がつくだろう．民主化によって起こり得るそれらの変化をすべて書き出して，その中から自分にとって最も興味のある仮説，誰も検証していない仮説，現実社会での問題解決につながりそうな仮説，あるいは因果推論のための研究デザインの一つを用いて検証できそうな仮説を選び出すのである．国々の民主化が進むと，政策決定過程に対する有権者の影響力が増すので，教育政策や医療政策への政府支出の増加，健康状態の改善，幸福度の上昇，経済格差の減少，武力紛争の減少，といった変化が起きるので

はと予想したとしよう．これらの予想される結果の中から，これまでに検証されていない「民主化の進展 → 健康状態の改善」という仮説に注目するという感じである．その際には，この2変数の因果関係を正確に識別できそうな研究デザインのアイデアがあることが望ましい．

2番目は，自分が興味を持つ結果変数を定めてから仮説を見つけるアプローチである．これは，先ほど紹介した Why や How で始まるリサーチクエッションから仮説を見つけるやりかたと同じである．例えば，なぜ民主化が進む社会と進まない社会があるのかという疑問を持ったとしよう．この疑問に対して，社会の豊かさ，社会の経済格差，天然資源の有無，文化的背景，という4つの原因があるのではと推測したとする．これらの原因の中から，重要な仮説や興味を持つ仮説を選び出せばいい．どの介入変数を選ぶかはさまざまな要因(先行研究における知見など)に左右されるだろうが，前述のように，介入変数と結果変数の因果関係を明らかにするための研究デザインの設計が可能かどうかも重要な判断基準となる．

3番目は，介入変数と結果変数の組み合わせから仮説を見つけるアプローチである．先行研究を読んだり社会のニュースに触れるなかで，面白いと思える仮説を見つけることがある．すでにいくつもの研究において検証はされてきたけれど明確な結論が出ていない仮説や，あるいはこれまでの研究では支持されてきたけれど提示されているエビデンスに何らかの問題があるような仮説もある．そのような仮説を新しい研究デザインやデータで再検証することは重要な貢献となる．

4番目は，研究デザインから仮説を見つけ出すというアプローチである．仮説を見つけてから，その検証に必要な研究デザインを見

つけることは困難な作業である．無作為化実験はその例外であり，仮説を立てそれに必要な実験を設計するという流れは自然である．一方，実験を使った検証が難しい仮説の場合(例えば経済発展と民主化の関係)には，その仮説の検証に必要な研究デザインを現実社会や歴史の中から見つけてこなければならない．都合の良いデザインはなかなか見つからないので，自己選択バイアスの可能性を排除できず，内的妥当性の低いデザインで仮説を検証するという事態に陥ることもよくある．

そこで，まず自分の関心のあるトピックについて観察対象が偶然に近いメカニズムで介入群と対照群に分かれたような状況を探し出し，そこから検証可能な仮説を考えるというやりかたを取り入れるのである．つまり，「仮説 → 研究デザイン」という流れではなく，「研究デザイン → 仮説」という流れで研究を進めるのである．このアプローチは介入変数から仮説を構築するやりかたと似ているが，介入状態の割り当てはある程度は偶然に決まるというメカニズムを利用しているため，内的妥当性の高いデザインを使った仮説の検証が可能になる．理論的に妥当性のある仮説やそれに必要なデータを見つけることができるのであれば，研究がスムーズに進むことを期待できる．

ここまで紹介したいずれかのアプローチを使って検証したいと思う仮説を見つけたとしよう．データを収集するなど研究を進める前に，その仮説が以下の条件を満たしているかを確認してほしい．その条件とは

- 現実社会の問題解決に有用な知識をもたらすか，あるいは既存研究で未解決の問題に取り組んでいるのか？

- 先行研究との関連を意識しているか，先行研究における研究デザインや知見との対比はできているのか？
- 因果関係に関する言明が含まれているか？
- 「＊＊は○○であるべきだ」といった規範的な内容を含んでいないか？
- 検証に必要なデータを用意できそうか？
- 仮説が想定する因果メカニズムにはロジックがあるのか，あるいは検証可能か？
- 「＊＊が増えると○○が減る」というような原因と結果の関係性が明示されているか？
- 「＊＊が○○に影響を与える」といった因果効果の方向性が不明確な仮説になっていないか？
- 原因と結果が同じような変数になっていないか．トートロジーになっていないか？

これらの条件をすべてクリアしたのであれば，その研究は学術的にも社会的にも重要な貢献をもたらす可能性が高い．データ収集など次のステップに進もう．もしどれかの条件を満たしていないことがわかったのであれば，仮説や研究デザインの内容を再考してみよう．

第 **10** 章
....
因果推論のゆくえ

　本章では因果推論を重視しすぎることで生じうる弊害を論じ，最後に因果推論と日本政治分析の関係を論じる．

1　因果推論の弊害？

　因果効果の識別を研究の主要ゴールとすることによって生まれる弊害はないのだろうか．ここでは4つの懸念を論じる．

　1つ目は，識別できる因果効果のみが研究対象となるのではないかという懸念である．因果推論を目的とする研究のチャレンジの一つは，因果効果の正確な識別を可能にするための研究デザインの設計である．そこで，まず研究対象の個人や集団が介入群と対照群に偶然に割り当てられたような状況を見つけ，それが影響を及ぼしそうな結果変数を見つけるというアプローチをとることが増える．つまり，何か説明したい対象（結果変数）が最初にあるのではなく，「介入変数の割り当ての結果として何が起きるのだろう」という思考を通じて研究を開始するのである．一方で，介入変数の割り当て状況が因果効果の識別に適さない場合には，いくら介入変数や結果変数が学術的・社会的に重要であっても研究対象となる可能性が低くなるのである．結果として，因果推論できる研究対象が注目を集める

が，因果推論が難しい研究対象は軽視されるという状況が生まれて
しまう．

　2つ目は，理論が軽視されるのではという懸念である．科学化の
進展とともに，政治学では民主的統治や国際関係における主要な政
治現象を説明する統一的な理論を構築することが主要な目的だと認
識されるようになった．先行研究によって生み出された理論を改良
するような新しい議論を提示し，そこから得られた仮説を検証する
ことで理論を少しずつ更新してきたのである．このアプローチでは
「なぜ＊＊なのか」というリサーチクエッションが重視され，また
それに答えるいくつかの仮説のうちどれがより説明力を持つのかを
明らかにすることを目的として実証研究が行われてきた．一方で，
因果推論を重視する研究では既存理論の更新を目指して実証研究を
行うというスタイルが選ばれることは少なく，むしろまず因果効果
を明らかにしてみて，そのあとでその理論的含意を考えるという流
れになることが多い．つまり，理論の更新は最終目的ではなく因果
推論に付随する結果となってしまう．

　3つ目は，因果推論をゴールに据えない研究が軽視されるのでは
という懸念である．研究対象によっては無作為化実験や差の差法と
いった手法を使うことが難しく，回帰分析を使うことで因果関係ま
ではわからないが共変関係については明らかにできるという場合が
あるだろう．また2変数の関係にまで踏み込まなくても，重要な
変数を時系列比較したり多国間比較したりすることで社会が抱える
問題の所在が明らかになることもある．また，因果効果が生じるメ
カニズムを詳しく理解するには，定性的な手法で介入変数が結果変
数に与える影響の経路を描写する必要が生じることもある．これら
の例はすべて因果効果を識別するという目的を持たないが，学術的

に重要な貢献を果たす可能性がある．因果推論を重視しすぎること
で「因果効果こそがすべてだ」という認識が広まるのであれば，因
果推論とは別のゴールを持っていたり因果推論にそぐわない手法を
用いる研究が軽視される恐れがある．

　最後は，特殊な状況を利用した研究から明らかになった因果効果
は，政策形成に役立つほど一般化可能なエビデンスなのかという懸
念である．すべての因果効果はその識別が可能になった状況に依存
しており，その因果効果を他の状況に応用できるかは不透明である
（つまり all effects are local と言える）．近年の因果推論では，しばし
ば，特定の国の特定の時代を対象にして研究を行う．4 章から 8 章
においても日本，米国，イタリア，ギリシャ，キルギスタン，トル
コなどさまざまな国を対象とした研究を紹介した．そこから得ら
れたエビデンスの内的妥当性が高いことには同意が得られるだろ
うが，一方で外的妥当性についてはどのように考えればいいのだろ
う．米国の有権者を対象として得られたエビデンスは日本の有権者
にそのまま当てはめてもいいのだろうか，あるいは何に気をつけれ
ば，あるコンテキストで得られた知見を別のコンテキストに応用す
ることができるのだろうか(Findley, Kikuta, and Denly 2020)．

　これらの懸念に対してはさまざまな形での反論は可能であるが，
ここで強調したいのは，政治学研究において因果推論のみが主目的
とはならないこと，さらに因果推論のみを重視することで生まれる
弊害をわれわれが常に意識しておく必要があるということである．

2　因果推論と日本政治分析

最後に，日本の政治学コミュニティに属する一人の研究者とし

て，日本政治分析が目指すべき一つの方向性とそこで果たすべき因果推論の役割について自分の考えを述べたい．日本の政治学コミュニティは，日本の政治が抱える重要な問題について因果推論を通じてより多くの研究成果を生み出し，さらにその成果を研究対象でもある有権者にわかりやすい形で還元していくべきではないかという提起である．研究対象や研究手法の選定は研究者の自律的な判断によって決まるべきであり，誰かによって押し付けられるものではない．一方で，上記のような考えを念頭に置いて研究を進めたり研究成果をまとめることは，政治学コミュニティにとって非常に重要なことではないかとも考える．

　その理由は 2 つある．一つは河野(2018, iii-iv)が述べているように，「政治学という学問は，「観察者」になりきるだけでなく，どこかで「当事者」として政治の実践とつながっていなければならないのではないか」という視点である．このような思いを背景に河野は日本の政治や外交を研究対象にしてきたとも述べている．著者自身も同じような考えを持っており，日本政治を単なる研究対象として見るのではなく，日本社会の構成員の一人として，政治に関わる問題の解決につながるような研究成果を生み出し，それを実際の解決につなげるといった姿勢を持つことが重要ではないかと考えている．

　もう一つは曽我(2017, 2)が述べているように，「政治学とは政治という私たちの選択による可塑性の高い営みを対象とする学問であり，それゆえ，その研究成果の受け手は社会を構成する人々であるべき」という視点である．近年，政治学では研究成果の発表先として英文学術誌を目指す研究者が増えている．科学としての政治学においては，政治についての一般化可能な知識を蓄積していくの

が最終的なゴールである．よって，世界各地の研究者を念頭に置いて，日本政治に関する研究成果を日本語以外の言語で発表するのは自然な営みである．著者自身も英語での出版を重視する研究者の一人である．国際的な競争は，研究の質を上げるために必要不可欠である．しかし，英語の学術専門誌に日本政治の研究成果が蓄積されても，研究対象となった日本の有権者にはどんなメリットがあるのだろうかと考えてしまう．どんな形をとるにせよ，日本語で研究成果をまとめ，公表することは有権者の政治的判断の手助けになったり，あるいは政府や自治体の政策形成にとって貴重な情報となるのではないだろうか．加えて，有権者が政治的判断を下すときに，因果推論から得られたエビデンスを役立てることができるのではないか．「○○という制度を導入・廃止すれば＊＊という結果が得られる可能性が高い」といった知見を発信することは，有権者の判断を手助けすることになるかもしれない．また政府や政党が支持する政策やその根拠についても，妥当性や効果の不確実性について発信できる．因果推論から得られた知見を日本語の研究論文や一般書のような形でまとめていくこと(例えば砂原 2015)は有権者にとって非常に価値が大きいのではないだろうか．

参考文献

浅古泰史（2018）．『ゲーム理論で考える政治学――フォーマルモデル入門』有斐閣．

飯田健（2013）．「社会的望ましさバイアス――CASI 調査による軽減効果」日野愛郎・田中愛治（編）『世論調査の新しい地平――CASI 方式世論調査』第 11 章．勁草書房．

伊藤公一朗（2017）．『データ分析の力　因果関係に迫る思考法』光文社．

今井耕介（2018）．『社会科学のためのデータ分析入門（上・下）』粕谷祐子・原田勝孝・久保浩樹（訳）．岩波書店．

川口大司（2019）．「政策評価モデル」西山慶彦・新谷元嗣・川口大司・奥井亮『計量経済学』第 9 章．有斐閣．

久米郁男（2013）．『原因を推論する――政治分析方法論のすゝめ』有斐閣．

河野勝（2018）．『政治を科学することは可能か』中央公論新社．

塩沢健一（2017）．「選挙区域の拡大が投票率に及ぼす影響――鳥取・島根両県における「合区選挙」実施を踏まえて」『選挙研究』**33**（2）：5-20.

砂原庸介（2015）．『民主主義の条件』東洋経済新報社．

曽我謙悟（2017）．「『現代日本の官僚制』のあとがきのあとがき」『UP』**46**（5）：1-6.

中室牧子・津川友介（2017）．『「原因と結果」の経済学――データから真実を見抜く思考法』ダイヤモンド社．

名取良太・福元健太郎・岸本一男・辻陽・堤英敬・堀内勇作（2014）．「参議院議員通常選挙データベースの開発と利用」『選挙研究』**30**（2）：105-115.

西澤由隆・栗山浩一（2010）．「面接調査における Social Desirability Bias ――その軽減への full-scale CASI の試み」『レヴァイアサン』**46**：51-74.

日野愛郎・田中愛治（編）（2013）．『世論調査の新しい地平――CASI 方式世論調査』勁草書房．

日野愛郎・西澤由隆・河野勝（2013）．「調査の設計とサンプリング」日野愛郎・田中愛治（編）『世論調査の新しい地平――CASI 方式世論調査』第 1 章．勁草書房．

松林哲也・上田路子（2012）．「市町村議会における女性の参入」『選挙研究』

参考文献

28（2）：94-109.

水崎節文・森裕城（各年）．『JED-M データ』エル・デー・ビー．

安井翔太（2020）．『効果検証入門——正しい比較のための因果推論／計量経済学の基礎』技術評論社.

Abadie, A.(2021). "Using Synthetic Controls: Feasibility, Data Requirements, and Methodological Aspects." *Journal of Economic Literature* **59**（2）：391-425.

Angrist, J. D., & J.-S. Pischke (2015). *Mastering 'Metrics: The Path from Cause to Effect.* Princeton University Press.

Ariga, K., Y. Horiuchi, R. Mansilla, & M. Umeda (2016). "No Sorting, No Advantage: Regression Discontinuity Estimates of Incumbency Advantage in Japan." *Electoral Studies* **43**：21-31.

Baker, A. C., D. F. Larcker, & C. C. Y. Wang (2021). "How Much Should We Trust Staggered Difference-In-Differences Estimates?" Available at SSRN: https://ssrn.com/abstract=3794018

Bertoli, A. D.(2017). "Nationalism and Conflict: Lessons from International Sports." *International Studies Quarterly* **61**（4）：835-849.

Brady, H. E., & D. Collier (Eds.) (2004). *Rethinking Social Inquiry: Diverse Tools, Shared Standards.* Rowman & Littlefield.

Brady, H. E., & D. Collier (Eds.) (2010). *Rethinking Social Inquiry: Diverse Tools, Shared Standards*, 2nd edition. Rowman & Littlefield.

Brollo, F., & U. Troiano (2016). "What Happens When a Woman Wins an Election? Evidence from Close Races in Brazil." *Journal of Development Economics* **122**：28-45.

Butler, D. M., & D. E. Broockman (2011). "Do Politicians Racially Discriminate Against Constituents? A field Experiment on State Legislators." *American Journal of Political Science* **55**（3）：463-477.

Cattaneo, M. D., R. Titiunik, G. Vazquez-Bare, & L. Keele (2016). "Interpreting Regression Discontinuity Designs with Multiple Cutoffs." *The Journal of Politics* **78**（4）：1229-1248.

Cattaneo, M. D., N. Idrobo, & R. Titiunik (2020). *A Practical Introduction to Regression Discontinuity Designs: Foundations.* Cambridge University Press.

Crost, B., J. Felter, & P. Johnston (2014). "Aid under Fire: Development Projects and Civil Conflict." *American Economic Review* **104** (6)：1833-56.

de la Cuesta, B., & K. Imai (2016). "Misunderstandings About the Regression Discontinuity Design in the Study of Close Elections." *Annual Review of Political Science* **19**：375-396.

Dunning, T.(2012). *Natural Experiments in Social Sciences.* Cambridge University Press.

Durante, R., P. Pinotti, & A. Tesei (2019). "The Political Legacy of Entertainment TV." *American Economic Review* **109** (7)：2497-2530.

Findley, M. G., K. Kikuta, & M. Denly (2020). "External Validity." *Annual Review of Political Science* **24**：365-393.

Fukumoto, K., & H. Miwa (2018). "Share the Name, Share the Vote: A Natural Experiment of Name Recognition." *The Journal of Politics* **80** (2)：726-730.

Gerber, A. S., & D. P. Green (2000). "The Effects of Canvassing, Telephone Calls, and Direct Mail on Voter Turnout: A Field Experiment." *American Political Science Review* **94** (3)：653-663.

Glasman-Deal, H.(2009). *Science Research Writing: For Non-Native Speakers of English.* Imperial College Press.

Goertz, G., & J. Mahoney (2012). *A Tale of Two Cultures: Qualitative and Quantitative Research in the Social Sciences.* Princeton University Press.

Hager, A., K. Krakowski, & M. Schaub (2019). "Ethnic Riots and Prosocial Behavior: Evidence from Kyrgyzstan." *American Political Science Review* **113** (4)：1029-1044.

Hangartner, D., E. Dinas, M. Marbach, K. Matakos, & D. Xefteris (2019). "Does Exposure to the Refugee Crisis Make Natives More Hostile?" *American Political Science Review* **113** (2)：442-455.

参考文献

Harada, M., & D. M. Smith (2021). "Distributive Politics and Crime." *Journal of Political Institutions and Political Economy* **2** (4).

Holland, P. W.(1986). "Statistics and Causal Inference." *Journal of the American Statistical Association* **81** (396)：945-960.

Horiuchi, Y., & J. Saito (2003). "Reapportionment and Redistribution: Consequences of Electoral Reform in Japan." *American Journal of Political Science* **47** (4)：669-682.

Horiuchi, Y., & W. C. Kang (2018). "Why Should the Republicans Pray for Rain? Electoral Consequences of Rainfall Revisited." *American Politics Research* **46** (5)：869-889.

Imai, K., & I. S. Kim (2021). "On the Use of Two-Way Fixed Effects Regression Models for Causal Inference with Panel Data." *Political Analysis* **29** (3)：405-415.

Jones, B. F., & B. A. Olken (2009). "Hit or Miss? The Effect of Assassinations on Institutions and War." *American Economic Journal: Macroeconomics* **1** (2)：55-87.

Kikuta, K.(2020). "The Environmental Costs of Civil War: A Synthetic Comparison of the Congolese Forests with and without the Great War of Africa." *The Journal of Politics* **82** (4)：1243-1255.

King, G., R. O. Keohane, & S. Verba (1994). *Designing Social Inquiry: Scientific Inference in Qualitative Research.* Princeton University Press.

Kitamura, S., & T. Matsubayashi (2021). "Dynamic Voting." Available at SSRN: https://ssrn.com/abstract=3630064

Kudamatsu, M.(2012). "Has Democratization Reduced Infant Mortality in Sub-Saharan Africa? Evidence from Micro Data." *Journal of the European Economic Association* **10** (6)：1294-1317.

Lee, D. S., J. McCrary, M. J. Moreira, & J. Porter (2020). "Valid t-ratio Inference for IV." arXiv:2010.05058.

Matsubayashi, T.(2016). "Survey Modes and Data Quality." Kohno, M., & Y. Nishizawa (Eds.) *Electoral Survey Methodology: Insight from Japan on using computer assisted personal interviews.* Chap.2：13-38. Routledge.

Meyersson, E.(2014). "Islamic Rule and the Empowerment of the Poor and Pious." *Econometrica* **82** (1)：229-269.

Naoi, M., & I. Kume (2015). "Workers or Consumers? A Survey Experiment on the Duality of Citizens' Interests in the Politics of Trade." *Comparative Political Studies* **48** (10)：1293-1317.

Titiunik, R.(2021). "Natural Experiments." Druckman, J., & D. P. Green (Eds.) *Advances in Experimental Political Science.* Chap.6: 103-129. Cambridge University Press.

Tomz, M. (2007). "Domestic Audience Costs in International Relations: An Experimental Approach." *International Organization* **61** (4)：821-840.

Xu, Y.(2017). "Generalized Synthetic Control Method: Causal Inference with Interactive Fixed Effects Models." *Political Analysis* **25** (1)：57-76.

あとがき

　本書の研究例の多くは選挙に関するものであるが，有権者の選挙行動に関心を持つきっかけとなったのは同志社大学法学部在学中に西澤由隆先生のゼミで学んだことである．それ以来，「なぜ・誰が政治に参加するのか，政治に参加することでどのような結果が得られるのか」という問いに答えることが自分にとって主要な研究テーマの一つとなっている．同志社大学大学院アメリカ研究科修士課程在学中には，Taylor E. Dark 先生(カリフォルニア州立大学ロサンゼルス校)を通じて米国政治の面白さを学ぶことができた．その後，米国テキサス A&M 大学政治学部博士課程在学中には Jan E. Leighley 先生(アメリカン大学)と Kim Quaile Hill 先生の指導を受けることができ，米国政治の文脈において上記の研究テーマを追究することができた．これらの 4 人の先生たちからは政治行動論，政治代表論，米国政治に関する知識のみならず，研究の進め方，文章の書き方，発表の方法など研究者として基礎となる技術を身につける機会を数多く作っていただいた．4 人の先生方の指導と導きがなければ，研究者としての今日の自分は存在しない．

　因果推論の面白さと大切さを知るきっかけを与えてくれたのは，共同研究者であり友人の上田路子さん(早稲田大学)である．上田さんとの初めての共同研究を通じて，比較対象を慎重に選ぶことの大切さを学んだと言っても過言ではない．2007 年のテキサス州オースティンのカフェで共同研究のアイデアを議論したのはいい思い出である．「自殺という重大な社会問題の解決に向けて社会科学者と

して何かできることはないか」という思いのもと，上田さんとは自殺に関する一連の研究プロジェクトにも共同で取り組んできた．気の合う共同研究者を見つけることは簡単なことではないが，大学院修了前後にそのような出会いがあったことは自分にとって非常に幸運であった．

2007 年のテキサス州オースティンのカフェでは，西澤ゼミの先輩であり共同研究者でもある飯田健さん(同志社大学)も同席していた．飯田さんをお手本として，同志社大学大学院アメリカ研究科修士課程，そして同じテキサス州の大学へ進学する形となった．大学院在学時代には車で2時間の距離に住んでいたこともあり，飯田さんのアパートへよく遊びに行った．大学院卒業後も，日米さまざまな場所で研究や教育に関していろいろな話をしてきた．同じゼミ出身で専門分野が近く，また気軽にアドバイスをもらえたり励ましあえたりする友人がいたことも自分にとって大きな幸運であったと思う．

テキサス A&M 大学政治学部，ノーステキサス大学政治学部，そして大阪大学大学院国際公共政策研究科(OSIPP)では同僚に恵まれた．各大学で同僚と共同研究に携わることができ，自分の研究の幅が広がった．現在所属する OSIPP では，知的好奇心が旺盛で生産的な同僚たちとの会話から日々刺激を受けている．また，国内外の研究者仲間の活躍も大きな刺激となっており，「自分ももっとがんばらないと」と思う毎日である．

本書の執筆過程では，数多くの方からサポートをいただいた．本書が含まれるシリーズ ソーシャル・サイエンスの執筆陣である筒井淳也さんからは社会学，より大きく社会科学の視点から因果推

論の意味や手続きに関して貴重なコメントや提案を頂戴した．西澤先生，飯田さん，OSIPP の同僚である鎌田拓馬さん，菊田恭輔さん，北村周平さんからは全体の構成や各章の内容について詳細かつ建設的なコメントをいただくことができた．これらのコメントのおかげで本書を読みやすく，より充実した内容とすることができた．安藤道人さん，籠谷公司さん，勝又裕斗さん，砂原庸介さんからは修正が必要な箇所について貴重なコメントをいただいた．特に勝又さんからは厳密とは言えない技術的表記に関して重要な指摘をいくつも頂戴した．さらに，大学院生の山谷昌輝さんにはデータ収集や原稿のチェックを，同じく大学院生の千馬あさひさんにはデータ整理や図表作成を，学部ゼミ生の中野詩乃さんには原稿のチェックを，ゼミ生のみなさんからは学生視点でのコメントや感想の提供を，そして事務補佐員の佐門真里さんには図表作成やその他の細かな作業をそれぞれ手伝ってもらった．手助けしてくださったみなさまに心からの感謝を伝えたい．

　本書5章と7章の研究例は北村さんとの共同研究，8章の研究例は上田さんとの共同研究に基づいている．研究例として使うことを許可してくださったお二人に感謝したい．本研究は JSPS 科研費 20H00059，20K01475，17K13671，17H00971 の助成を受けた成果である．感謝を申し上げたい．

　最後に家族に感謝を述べたい．父・松林憲雄と母・信子は大学院進学やアメリカへの留学について著者自身の意思を常に尊重し，サポートを提供してくれた．恵まれた環境の中で成長・勉強することができ，それが現在の充実した生活の基礎になっている．義父・山本幹夫と義母・節子は前共著書2冊にも目を通すなど研究者としての著者の活動に強い関心を持ってくれており，それが大きな励み

となっている．妻・志保は家族として，そして分野は異なるが研究者仲間として，10年以上にわたり共に歩んできた．息子・智也が生まれてから二人の生活は一変したが，それまで以上に楽しく充実した日々となった．自分の人生の原動力である志保と智也に本書を捧げたい．

松林 哲也

松林哲也

1977 年生. 2007 年, テキサス A&M 大学大学院政治学
部博士課程修了. Ph.D.(政治学). 専門は政治行動論,
政治代表論.
ノーステキサス大学政治学部アシスタント・プロフェ
ッサー, 大阪大学大学院国際公共政策研究科准教授を経
て, 現在, 大阪大学大学院国際公共政策研究科教授.
著書に『政治行動論──有権者は政治を変えられるのか』
(共著),『自殺のない社会へ──経済学・政治学からのエ
ビデンスに基づくアプローチ』(共著)(いずれも有斐閣)など.

シリーズ ソーシャル・サイエンス
政治学と因果推論──比較から見える政治と社会

2021 年 11 月 16 日　第 1 刷発行
2022 年 3 月 15 日　第 2 刷発行

著　者　松林哲也

発行者　坂本政謙

発行所　株式会社 岩波書店
　　　　〒101-8002 東京都千代田区一ツ橋 2-5-5
　　　　電話案内 03-5210-4000
　　　　https://www.iwanami.co.jp/

印刷製本・法令印刷

「社会科学」の学問イメージ・方法論を刷新する
画期的なシリーズ

シリーズ　ソーシャル・サイエンス（全8冊）

B6判，並製横組，176〜224頁
定価1980〜2200円（税込・予価）

★は既刊
＊タイトルは変更の可能性があります

───── 岩波書店刊 ─────
定価は消費税10%込です
2022年3月現在